Jossel Birstein
Unterwegs in den Straßen von Jerusalem

Jossel Birstein

Unterwegs in den Straßen von Jerusalem

Erzählungen

Aus dem Hebräischen von
Vera Loos und
Naomi Nir-Bleimling

Arche

Die hebräische Originalausgabe erschien 2000
u. d. T. *Sipurim rokdim berechovot jerushalajim*
bei Hakibbutz Hameuchad, Tel Aviv

Umschlag: Max Bartholl
unter Verwendung eines Fotos *Jerusalem, in der Altstadt*
© Harry Weber
Satz: Greiner & Reichel, Köln
Druck und Bindung: Clausen & Bosse, Leck
Printed in Germany
ISBN 3-7160-2305-1

Inhalt

Blutsverwandtschaft 7
Der nasse Mann an der Ampel 13
Ein neuer Nachbar 17
Schuhe für die Ewigkeit 24
Der Liebestanz 29
Etwas Bewährtes im Lande Israel 35
Die Bettlerin 39
Der Herzl-Boulevard an einem Regentag 40
Ein Teil der Landschaft 44
Der Mann in der Sonne 46
Nichts als ein Schatten 48
Der kleine Schuster 49
Selbstgespräche 53
Ein verstohlener Blick 58
Der kleine Fuß 63
Der Hutmacher 67
Von gestopften Strümpfen
und tanzenden Bären 72
Ein weißer Knopf 77
Jenseits der Mißtöne 81
Der Blinde 86
Kurz und bündig 91
Spiegelbilder 96
Es wird geheiratet 101
Porträt einer Warteschlange 105
Das Mimunafest 109
Wie eine Geschichte gestrickt ist 114

Inches 119
Drei Uhr früh 125
Ein chinesisches Lächeln 131
Eine knappe Antwort 134

Glossar 139

Blutsverwandtschaft

Ich verabredete mich mit Yochanan Zaid, der aus dem Norden zu Besuch kam, in einem Jerusalemer Stadtbus.

In der Dvora Ha-Nevi'a-Straße, unweit des langgestreckten Erziehungsministeriums, dessen zahlreiche Fenster nach dem orthodoxen Batei Ungarin-Viertel und den umstehenden Kirchen schielen, stiegen wir in die Linie eins. Wir würden einmal hin- und zurückfahren, ein, zwei Worte über die vielen Jahre wechseln, in denen wir uns nicht gesehen hatten, und vielleicht würde ich auch etwas über seine verwandtschaftliche Beziehung zu einer Araberin erfahren.

Die Frau war an einem Sommerabend in seinem Hof aufgetaucht, als ich Yochanan gerade einen Besuch abstattete, und hatte ihn gebeten, ein gutes Wort für ihren inhaftierten Sohn einzulegen.

Yochanan meinte, hier liege ein Irrtum vor. Nicht er sei ihr Mann. Mit mir sei sie viel besser beraten. Wir saßen nebeneinander und schlürften ein kaltes Getränk. Er zeigte auf mich und zählte ihr meine Vorzüge auf: Ein guter Kerl. Ein Schriftsteller. Aktives Mitglied der Menschenrechtsorganisation.

Damals wohnten Yochanan Zaid und ich in

Kiryat Tiv'on. Wir waren Nachbarn im Zaid-Viertel, benannt nach seinem Vater, Alexander Zaid, den in der Blüte seiner Jahre ein Araber getötet hatte. Wie es sich für einen israelischen Helden und einen der Gründerväter des Schomer gehört, errichtete man nach seinem Tod ein Bronzestandbild, das ihn auf dem Pferd darstellt, wie er über die Wiesen Galiläas und durch das Yisrael-Tal galoppiert. Man verewigte ihn auf einem Hügel, gen Himmel reitend. Und hier stand auch Yochanans Haus.

Die Araberin hatte den Kopf geschüttelt und behauptet, ein Irrtum sei ausgeschlossen. Er sei der einzige Jude, den sie kenne, und darum sei er es, an den sie sich wende. Er solle sie zum Gefängnis begleiten und sich für ihren Sohn einsetzen, der nicht in der Politik sei und auch kein Dieb.

Nun hatte Yochanan seinerseits den Kopf geschüttelt. Er hatte die Frau, die ihm durchaus bei klarem Verstand zu sein schien, nie zuvor gesehen. Sie war eine stattliche Erscheinung und trug eine Sonnenbrille. Ihr langes Gewand und das Tuch auf ihrem Kopf waren von großer Farbenpracht und zeigten Blumen und Vögel im Flug. Doch was hatte er mit ihr zu tun?

»Verwandtschaft«, antwortete die Frau und zeigte auf das Standbild, in dessen Schatten wir saßen.

Yochanan erhob sich, wie um ihre Worte abzustreifen. Er war Jude, sie war Araberin, und sie beide sollten miteinander verwandt sein? Was wollte sie ihm noch alles weismachen? Er leerte sein Glas in einem Zug, und ohne eine Antwort abzuwarten, verschwand er in seinem Haus.
Die Frau, die barfuß war, rührte sich nicht vom Fleck. Yochanan hatte keine Eile zurückzukommen. Ähnliches hatte ich selbst einmal zu Beginn unserer Nachbarschaft erlebt. Eines Tages hatte ich ihm nicht ohne Stolz erzählt, daß ich in den dreißiger Jahren, als ich als Jugendlicher im australischen Melbourne lebte, einmal eine jiddische Hymne auf seinen Vater Alexander Zaid, den Märtyrer für die Befreiung des Landes, gelesen hatte. Ich konnte ihm noch den Namen des Verfassers, eines gewissen H. Leivik, nennen und zwei Verse des Gedichts aufsagen. Auch damals war Yochanan aufgesprungen und im Haus verschwunden. Als er nach einer Weile zurückgekehrt war, hatte er mir seine Bedingung für eine gute Nachbarschaft genannt: In seinem Beisein dürfe ich nie wieder seinen Vater erwähnen.
Er war nicht mehr jung und hatte längst eine eigene Familie gegründet, doch der Zorn des Jungen, dem man den Vater genommen hatte, loderte noch immer in ihm. Wut auf die Mörder seines Vaters und Wut auf diejenigen, die dessen

Verdienste in den Himmel hoben. Weder den einen noch den anderen hatte er vergeben. Er hatte mit zehn Jahren schon so viele Opfer bringen müssen, daß er sich fortan nicht mehr genötigt sah, für einen anderen auch nur einen Finger krumm zu machen.

Seither hatte ich peinlichst darauf geachtet, in seiner Gegenwart die Heldentaten seines Vaters unerwähnt zu lassen. Wir setzten uns hin und wieder im Schatten des Denkmals zusammen und verloren hier und da ein Wort, um das lange Schweigen zu unterbrechen.

Und auch jetzt, im Bus Richtung Klagemauer, schwiegen wir während der ganzen Fahrt durch die lebhaften Straßen. An der Kreuzung Shivtei-Isra'el/Jaffa-Straße hielt der Bus bei Rot an einer Ampel. Unsere Blicke trafen sich, als wir den Passanten nachsahen, die die Straße überquerten. Drei Chassidim mit Streimeln und Kaftanen bildeten zusammen mit drei Nonnen mit Hauben und Rosenkränzen ein schwarzes Knäuel. Im ersten Augenblick hätte man die sechs für eine Großfamilie halten können.

Yochanan lachte hustend. Hustend – wegen des Rauchens und des Alters. Lachend – beim Anblick des chassidisch-christlichen Clans und wegen des Plakats, das hinter ihren Rücken an der Mauer prangte. Das Plakat forderte die Bewohner des Batei Ungarin-Viertels auf, möglichst zahlreich einen Film über die Bußgebete in der ukrainischen Stadt Kiew zu besuchen. Männer und Frauen getrennt, an unterschiedlichen Tagen. In Großbuchstaben verhieß das Plakat ein Ereignis für die ganze Familie.

Ich konnte mich nicht länger beherrschen und sprach Yochanan auf seine Verwandtschaft an. Als er damals in den Hof zurückgekehrt war, hatte er der Araberin ein Glas Wasser gereicht. Sie solle trinken und gehen. Und mit diesem Unfug aufhören. Verwandtschaft. Die Frau hatte das Getränk abgelehnt und behauptet, die Verwandtschaft zwischen ihnen sei sogar besonders eng. Es handele sich um Blutsverwandtschaft.

Yochanan hatte sich vor ihr aufgebaut und sie spöttisch nachgeäfft. Die Frau hatte genickt und darauf bestanden, was sie sage, entspräche der Wahrheit.

»Und was soll das, bitte schön, für eine Blutsverwandtschaft zwischen uns sein?« hatte Yochanan gefragt.

Die Frau wollte nicht in meiner Anwesenheit antworten. Sie würde es ihm im Haus erklären, unter vier Augen.

Yochanan hatte mich gebeten, ihn kurz zu entschuldigen. Die Frau schien den Verstand verloren zu haben, und er wollte sie durch die Haustür hinausbefördern.

Es verstrich nur wenig Zeit, bis Yochanan wiederkam und mich zu gehen bat. Wir würden uns ein andermal treffen. Er werde die Frau in seinem Wagen in das nahe gelegene Gefängnis bringen und mit den Zuständigen reden. Man kannte ihn dort und wußte, wer sein Vater gewesen war, und möglicherweise würde es ihm gelingen, den Sohn gegen Kaution frei zu bekommen. »Sie hat recht«, fügte er hinzu. »Wir sind blutsverwandt.«

Als der Bus in der Nähe des Jaffa-Tors an der Altstadt hielt, vertraten wir uns ein paar Minuten lang die Beine und fuhren mit demselben Bus zurück zum Busbahnhof. Yochanan stieg in einen Bus nach Haifa, wo er, wie er mir versicherte, ein Taxi zu seinem Haus auf dem Zaid-Hügel nehmen würde. Seine Reise nach Jerusalem hatte ihm gefallen. Was ihn überraschte, war, daß ich mich noch in allen Einzelheiten an das Treffen mit der Araberin erinnerte. Nun verriet er mir bereitwillig, was sie ihm damals, unter vier Augen, mitgeteilt hatte.

Ihr Vater hatte seinen Vater getötet.

Der nasse Mann an der Ampel

Später schwieg sie. Zuvor hatte sie zwischen dem Busfahrer und dem Mann, der an diesem verregneten Morgen triefend vor der geschlossenen Bustür gestanden und mit der Faust dagegen getrommelt hatte, vermittelt. Sie saß neben mir in der ersten Reihe und hatte den Busfahrer bei seinem Vornamen gerufen:

»Mosche!«

Der Fahrer, der über die Schlange vor ihm hinweg die rote Ampel fixierte, drehte den Kopf ganz langsam zur Tür und fragte:

»Was will der Schwachkopf?«

»Er ist mein Nachbar«, murmelte die Frau.

Ihre Hände hatten Mühe, die Einkaufstasche auf ihren Knien festzuhalten, und so wies sie mit dem Ellbogen auf den bärtigen Mann, der eine durchsichtige Plastiktüte über seinen schwarzen Hut gestülpt hatte.

»Er will rein«, sagte sie.

Die Ampel sprang von Rot auf Grün. Die Wagen am Kopf der zweireihigen Karawane setzten sich träge in Bewegung. Hier und da erklang eine Hupe, und der Regen wurde zu Hagel. Der nasse Mann fuhr fort, gegen die geschlossene Tür zu hämmern. In seinem Rücken blähte der Wind den auf seinen Schultern ruhenden Gebetsmantel. Die Frau befreite für einen Augenblick ihre Hand und legte zwei Finger an ihre Schläfe.

»Er hat den Verstand verloren«, sagte sie.

Der Busfahrer beschleunigte das Tempo der Scheibenwischer und fuhr langsam an. Die Gegenfahrbahn war wie leer gefegt. Verschwommen zeichnete sich die Friedhofsmauer am Herzl-Boulevard ab. Die Frau nahm die Finger von der Schläfe und zeigte auf die Mauer:

»Dort liegt sein Verstand begraben.«

Der tropfnasse Mann rannte neben der geschlossenen Bustür her, ohne weiter an sie zu klopfen. Als der Bus ihn hinter sich ließ und der Gebetsmantel sich in einen flatternden Flügel verwandelte und auch die zartrosa Tüte sich mit Luft füllte, spreizte die Frau ihre zwei Finger und nannte die Namen seiner beiden Söhne, Hilel und Dudu, die er in zwei verschiedenen Kriegen verloren hatte.

»Sie liegen nebeneinander. Grab an Grab«, sagte sie. »Er ist einer der ersten Bewohner des Viertels gewesen, und am Schabbatmorgen saß er auf dem Mäuerchen bei der Brücke, knackte Sonnenblumenkerne und segnete die Passanten. Als sein erster Sohn fiel, änderte sich nichts an seinen Gewohnheiten. Auch als der zweite getötet wurde, knackte er weiter seine Kerne und segnete. Sein dritter Sohn kam bei einem gewöhnlichen Verkehrsunfall ums Leben, und als der Mann den Sohn neben seinen Brüdern auf dem Soldatenfriedhof begraben wollte, hat man es ihm verwehrt. Von da an war es um ihn geschehen. Er knackte keine Kerne mehr und segnete auch niemanden mehr. Er ließ sich einen Bart wachsen, setzte sich einen schwarzen Hut auf und rennt nun den lieben langen Tag, ob es regnet oder ob die Sonne scheint, mit dem Gebetsmantel um die Schultern zwischen den beiden Friedhöfen hin und her. Dem Friedhof auf dem Herzl-Boulevard und dem Friedhof in Giv'at Sha'ul.

Der Arme, er gönnt sich keine Ruhe«, sagte die Frau und schnappte wieder nach der großen Tasche, die von ihren Knien zu rutschen drohte, als der Bus, schon halb auf der Kreuzung, abrupt zum Stehen kam. Der Fahrer hatte vergeblich versucht, die Kreuzung bei Gelb zu passieren, und der Bus blieb auf dem Zebrastreifen stehen. Hagelkörner schlugen weiter auf das Busdach, und bevor die Ampel wieder umsprang, tauchte der nasse Mann erneut vor der Tür auf.

»Mosche!« rief die Frau den Fahrer beim Vornamen.

Der Fahrer hob den Arm, und durch das Dreieck, das sein Ellbogen bildete, blinzelte er zur Tür und zischte:
»So ein Schwachkopf.«

Ein neuer Nachbar

Als ich im Kibbuz Gvat lebte, hatte ich einen Nachbarn. Es war ein Pferd. Manchmal reckte es den Hals, warf den Kopf zurück und schaute hinter sich.

Ähnlich verdrehte ich hier in Jerusalem den Kopf, um mich zu vergewissern, ob ich den Mann, der auf der Beit Lechem-Straße neben den Eisenbahnschienen gerade an mir vorbeigegangen war, tatsächlich kannte. Es war niemand anderer als der Pferdehalter aus Gvat. In den sechziger Jahren war er einer der ersten Kutscher gewesen, und im Kibbuz hatte er Hausmeisterdienste erledigt. In den mehr als dreißig Jahren, die inzwischen vergangen waren, war er gealtert. Damals hatte er etwas dargestellt. Er war hochgewachsen, mit einer prachtvollen Haartolle und einer hohen Stirn. Als ich den Plan faßte, den Kibbuz zu verlassen, hatte er einen Verräter in mir gesehen und sich geweigert, mir den Giftzerstäuber auszuleihen. Man hatte mir unter der Bedingung, die Obstbäume im Garten zu pflegen, eine günstige Wohnung in Kiryat Tiv'on angeboten.

Schließlich hatte er sich umstimmen lassen, hatte die Tolle aus dem Gesicht geschüttelt und mir befohlen, das Gerät mit der gebotenen Sorg-

samkeit zu behandeln, damit der Mechanismus bei dem strapaziösen Transport nicht beschädigt würde. Er hatte nicht die Zeit, mir die Handhabung zu zeigen, jedoch die Reihenfolge der erforderlichen Handgriffe auf einen Zettel notiert. Ich hatte mich strikt an seine Anweisungen gehalten, doch das Gerät funktionierte nicht. Ich vergewisserte mich, ob ich Wasser und Gift ordnungsgemäß verrührt hatte, ob ich die Düse im rechten Winkel auf die Baumkrone gerichtet und die Pumpe korrekt betätigt hatte. Ein Tropfen hatte sich am Rand der Düse gebildet, war angeschwollen und geplatzt. Doch ein Sprühregen war ausgeblieben.
In den Mittagsstunden des Monats Tamuz herrschte große Hitze. Ich war schweißgebadet und wütend. Wütend auf die Bäume. Aus finanziellen Gründen hatte ich mich zu ihrer Pflege verpflichtet, denn in jenen Tagen kam das Verlassen eines Kibbuz der Vertreibung aus dem Paradies gleich: Alles, was man besaß – ein Feigenblatt.
Ich hatte nie zuvor einen Giftzerstäuber in Händen gehalten. Es hatte dafür keine Notwendigkeit gegeben. Während meiner Zeit in Gvat hatte ich die Schafe gehütet und nicht selten meine Herde auf die ein oder andere Streuobstwiese geschmuggelt. Fünfhundert. Jedes Schaf sollte sich den Bauch vollschlagen.

Ich ärgerte mich auch über mich selbst. Sollte ich dem Hausmeister etwa einen defekten Zerstäuber zurückgeben? Er hatte mich schließlich vor dem Transport mit dem Bus gewarnt.
Ich studierte nochmals die schriftlichen Anweisungen. Sie waren klar und deutlich. Genauso wie seine Worte, als er es sich anders überlegt hatte, mir den Zerstäuber ausgehändigt und viel Erfolg gewünscht hatte.
Wie ich so unschlüssig in der Sonne stand, gesellte sich ein sommersprossiger Mann zu mir, der ein Unterhemd über den kurzen Hosen trug und einen dicken Bauch vor sich herschob. Die Hausbewohner hatten ihm von mir erzählt, und er begrüßte mich mit den Worten: »Na, mein Lieber?« Dann stellte er sich vor: LKW-Fahrer bei der Elektrizitätsgesellschaft und Kakteenliebhaber. Er züchtete sie in seinem Garten. Er hatte mir eine Weile aus dem Nachbarhaus zugesehen, und nun war er gekommen, um mir zu helfen.
Verlegen und glücklich wischte ich mir den Schweiß von der Stirn und gleichzeitig auch meinen Zorn. »Schafe mögen keine Kakteen«, erklärte ich ihm und wies auf das Gerät. Sicher war etwas an der Mechanik kaputtgegangen, und ich war in der Bredouille. Die Bäume würden faule Früchte tragen, ich würde die Wohnung nicht bekommen und den Kibbuz nicht

verlassen können, und was sollte ich dem Kibbuznik in Gvat erzählen?
»Wovor haben Sie Angst? Sagen Sie ihm einfach die Wahrheit«, meinte der sommersprossige LKW-Fahrer und begann, sich dem Zerstäuber zu widmen. Ich bewunderte seine geschickten Handgriffe. Aber auch er brachte nur einen Tropfen am Rand der Düse zustande und keinen Strahl. Er schraubte den Deckel ab, goß die Flüssigkeit aus, lugte in den Zerstäuber, steckte die Hand tief hinein, richtete sich auf und bat mich, es ihm gleichzutun. Es war nichts kaputt, stellte er fest, denn da war gar nichts, was hätte kaputtgehen können.
»Leer«, meinte er und wollte wissen, wer der Mann war, der mir den Zerstäuber ohne Mechanismus ausgeliehen hatte.
»Er hat Sie verarscht«, faßte er zusammen. »Einem, der mich so über den Tisch gezogen hat, würde ich in die Fresse spritzen.«
So wie ich auf dem Weg nach Tiv'on bereit gewesen war, den Anweisungen des Hausmeisters Folge zu leisten, so war ich nun, auf dem Rückweg nach Gvat, fest entschlossen, den Rat des Fahrers der Elektrizitätsgesellschaft zu befolgen. Die Sommersprossen, die sein Gesicht bedeckten, hatten sich vor Wut gerötet. Wäre ich der Kibbuznik gewesen, wäre ich ihm lieber aus dem Weg gegangen.

Dieser trank gerade Kaffee, als er mich durch das offene Fenster sah, wie ich den Zerstäuber auf seiner Terrasse abstellte. Ich schwitzte nicht mehr. Die Sonne war untergegangen, und die Hitze hatte nachgelassen, doch die roten Sommersprossen des Lasterfahrers glühten noch in mir. Beim Anblick der hochmütigen Stirn des Hausmeisters füllte sich mein Mund mit Speichel.

»Wie war's?« hörte ich ihn fragen.

»Gut«, sagte ich und schluckte.

»Gut?« fragte er.

»Hervorragend«, sagte ich.

»Hast du die Bäume gespritzt?« fragte er.

»Alle«, sagte ich, bedankte mich bei ihm und ging, ohne mich weit zu entfernen. Ich stellte mich hinter einen Baum und sah, wie er mit der Kaffeetasse in der Hand von der Terrasse stieg und mit der anderen Hand den Deckel abschraubte und in das Gerät äugte. Als er sich aufrichtete, führte er die Tasse an seine Lippen, ohne zu trinken. Er sah sich um, als suchte er mich, und auf seiner blasierten Stirn tauchte ein großes Fragezeichen auf.

Dieses Fragezeichen erschien, wann immer wir uns über den Weg liefen. Am Abend desselben Tages stellte er sich mir im Speisesaal in den Weg und meinte, er habe eine Frage, es gäbe da eine Kleinigkeit, doch er würde die Frage auf ein andermal verschieben. Bis zu meinem letzten Tag in Gvat kündigte er immer wieder an, er habe da eine Frage, doch er stellte sie nie.

Wir begegneten uns auch dann noch hin und wieder, als ich Gvat längst verlassen hatte und nur noch dorthin kam, um Freunde zu besuchen. Mit den Jahren übernahm der Mann andere Aufgaben. Er wurde Sekretär, Schatzmeister, Kulturbeauftragter, doch das Fragezeichen blieb auf seiner Stirn, wenn unsere Wege sich kreuzten. Irgendwann verließ auch er den Kibbuz.

Jetzt hastete ich auf der Beit Lechem-Straße hinter ihm her und hielt ihn an. Aus der Nähe sah ich, wie sehr er gealtert war. Nichts mehr mit großem Wuchs. Keine Tolle. Keine stolze Stirn. Nur noch Bewohner des Altersheims in der Beit Lechem-Straße in der Nähe meiner Wohnung.

»Da sind wir also wieder Nachbarn«, sagte er, und das Fragezeichen erschien auf seiner Stirn. Er notierte sich Hausnummer und Stockwerk und versprach, mich zu besuchen. Er habe da noch eine Frage.

Als ich mich von ihm verabschiedete, erwachte die rauhe Stimme des Kakteenzüchters aus Tiv'on in mir, der mir befohlen hatte, ihm die Wahrheit ins Gesicht zu spritzen. Ich warf meinen Kopf wie das Pferd in Gvat zurück und schaute dem Mann nach, wie er in die Ha-

Rakevet-Straße bog und aus meinem Blick verschwand. Ich wußte, ich würde mich bald entscheiden müssen, ob ich ihm die Wahrheit sagen oder an der Geschichte festhalten würde.

Schuhe für die Ewigkeit

Schließlich habe ich die Schuhe doch nicht anprobiert.
Denn der Mann war tot.
Etwa einen Monat zuvor saß er neben mir in der Linie elf auf dem Weg zum Friedhof in Giv'at Sha'ul und interessierte sich für meine Schuhe. Er wollte wissen, ob sie bequem seien. Er erhielt die Antwort, daß sie seit zwanzig Jahren bequem sitzen, und er erzählte mir, daß er in seinem Schuhgeschäft in der Jaffa-Straße ein ähnliches Paar habe, derselbe Hersteller, derselbe Jahrgang. Ich solle kommen und sie anprobieren.
Es verging keine Woche, und ich machte mich zu ihm auf den Weg. Wegen eines Bombenalarms war ich ein wenig spät dran. Die Polizei hatte den Verkehr in beide Richtungen gesperrt, als ich schon ganz in der Nähe seines Ladens war. Zwischen dem Davidka-Platz und dem Machane Yehuda-Markt – so lautete die Adresse, die mir der Ladenbesitzer gegeben hatte, und er hatte hinzugefügt, ich würde den Laden gleich an dem staubigen Schaufenster erkennen.
Im Bus hatte er elegant gewirkt. Guter Anzug. Geblümte Krawatte. Weiße Kipa und Blume im Revers. Er war auf dem Weg zu seinen Toten.

Seinem Sohn, seiner Tochter, seiner Frau. Einmal im Monat überbrachte er ihnen Neuigkeiten aus der Straße und aus dem Laden. Im Laden gab es wenig Neues, und Kunden gab es auch nicht. Diesmal würde er ihnen von dem Treffen mit mir erzählen. Nicht jeden Tag trifft man einen, dessen Schuhe zwanzig Jahre lang bequem sitzen. Als er erfuhr, daß ich lange in Australien gelebt hatte, fragte er mich, ob man auch dort, auf dem fernen Kontinent, etwas, das man loben wolle, einen »alten Schuh« nannte, wie hier.

Seine Nachbarn, die Besitzer der übrigen Läden, machten sich lustig über ihn und nannten seine Ware *»alte sachn«*. Am weitesten ging der Ladenbesitzer zu seiner Rechten – ein cholerischer Glaser und Nachfahre der Hohenpriester. Er weigerte sich, sein Geschäft zu betreten, und behauptete, die Schuhschachteln in den Regalen erinnerten ihn an einen Friedhof, und als Cohen sei es ihm verboten, sich Toten zu nähern.

Er steckte die Blume noch tiefer in das Revers und wunderte sich, daß ich nicht fragte, wieso er keine modernen Schuhe verkaufe, sondern an Exemplaren aus Jahrgängen wie den meinen festhalte. Bevor es mir gelang, ihn das zu fragen, beantwortete er die Frage selbst. Er verstand den Ansturm auf maschinell hergestellte

Schuhe nicht. Bevor er Schuhverkäufer wurde, war er Schuster gewesen, und er hatte gelernt, daß ein Schuh, der nicht von der Hand eines Schusters berührt worden war, nichts Gescheites sein konnte.
Als man den verdächtigen Gegenstand aus dem Weg geräumt hatte und der Verkehr wieder zu fließen begann, war der Laden geschlossen. Der Glaser stand vor der Tür und kaute aufgeschreckt an den Spitzen seines schütteren Bartes.
»Schon weg«, sagte er und zeigte auf das Schild über dem verstaubten Schaufenster. Darauf stand in kaum noch lesbaren Buchstaben: »Schuhe für die Ewigkeit – Jeheskel Isch-Tamim«. Schuhe wie die meinen stapelten sich auf Regalen im Schaufenster. Schuhe ohne Schnürsenkel, solche, die sich mühelos über die Füße streifen ließen, wie mir Jeheskel Isch-Tamim im Bus versicherte, nachdem er mich gebeten hatte, einen Fuß zu heben, damit er die Sohle begutachten konnte. Noch bevor ich seiner Bitte nachgekommen war, hätte er schwören können, daß die Nägel, die darin steckten, aus Holz und nicht aus Eisen waren. Und warum? Auch das würde er seinen Toten erzählen. Dem Sohn, der in Indien umgebracht worden war, der Tochter, die sich das Leben genommen hatte, und seiner Frau, die an gebrochenem Herzen gestorben war. »Wenn man an Regentagen in Pfützen

tritt«, sagte er zu mir, während ich den Fuß hob, »dehnt sich die Sohle, und mit ihr werden die Löcher größer.« Eisennägel fielen dann heraus. Nicht so Nägel aus Holz, die sich in den Pfützen mit den Löchern weiteten und sich in die Sohlen krallten. Ich dürfe, sagte er, seine Worte als Gleichnis für sein Leben verstehen. Er selbst sei der Holznagel, der in der Pfütze zusammen mit dem Loch auseinandergegangen war. Der Tag würde kommen, an dem seine Nachbarn, die Inhaber der umliegenden Geschäfte in der Jaffa-Straße, beim Anblick der langen Schlange vor seiner Ladentür staunten. Sie würden vor ihren Läden stehen und verdutzt zusehen, wie die Schlange sich wand und Menschen aller Altersklassen sich in das Geschäft drängten, um Schuhe anzuprobieren.

Ich stieß einen Monat später auf die lange Schlange, als ich mich zum zweitenmal auf den Weg zu seinem Laden gemacht hatte. Von weitem sah es aus, als gäbe es schon wieder Bombenalarm. Doch der Verkehr floß ungestört in beide Richtungen, und nur vor dem Schuhgeschäft standen zwei Polizisten und sorgten für Ordnung. Das Schaufenster war schon leer geräumt. An der Scheibe hing ein großes Plakat des Vereins zum Wohle der Soldaten, der das Ableben seines Gönners Jeheskel Isch-Tamim betrauerte. Auch der cholerische Glaser stand vor seinem Laden, kaute noch immer an den Spitzen seines Bartes und überredete gerade eine junge, streng gekleidete Frau, sie solle sich hinten anstellen und sich ein paar nahezu kostenlose Schuhe besorgen.

»Er ist plötzlich gestorben«, erklärte er ihr, »und hat alles den Soldaten vermacht. Das Haus. Das Geschäft. Alles. Kein Wunder, daß sie die Polizei eingeschaltet haben. Das ist schon der dritte Tag, und die Schuhe gehen nicht aus. Die Leute stehen schon stundenlang an, bevor der Laden öffnet. Man hat es öffentlich bekanntgegeben.« Er selbst habe zu den ersten Kunden gehört. Der Glaser hob ein Bein, um seine Worte zu untermalen. Auch ich schielte zu ihm hinüber. Ein Paar Schuhe wie die meinen, ohne Schnürsenkel. Solche, wie ich sie vor drei Wochen im Schaufenster gesehen hatte, nur daß sie nun nicht mehr staubig waren.

»Schuhe für die Ewigkeit«, sagte der Glaser.

»Jeheskel Isch-Tamim«, fügte ich hinzu. Im Bus hatte ich seinen Namen nicht gekannt und er nicht den meinen. Wir hatten einander die Hände geschüttelt, als wir uns in Giv'at Sha'ul verabschiedeten. Er hatte fest zugedrückt und sich ein wenig verneigt, so daß die Blume aus seinem Revers gefallen war. Er hatte sie aufgehoben, zurück an ihren Platz gesteckt und hatte sich aufgemacht zu seinen Toten.

Der Liebestanz

Nach der ausgefallenen Demonstration traf ich die beiden wieder – den Talmudschüler und die Journalistin. Ich ging auf dem engen Bürgersteig der Me'a She'arim-Straße hinter der Journalistin, und ihr blonder, zerzauster Pferdeschwanz hüpfte vor meinen Augen hin und her, als der Talmudschüler in einem weißen Taxi auftauchte, den Kopf durch das offene Wagenfenster steckte und sie mit dem folgenden Wort aus der Genesis beschimpfte:

»Hetiterin!«

Schon vorher, auf dem Shomrei-Emunim-Platz, wo ich mit der Journalistin auf die Kundgebung und den Beginn der Demonstration wartete, hatte ihr der Talmudschüler ein anderes Schimpfwort aus demselben Buch an den Kopf geworfen. Die junge Journalistin hatte seinen Ausruf für etwas Schmeichelhaftes gehalten. Von ihrem Standort aus, dem schlanken Schatten eines Strommastes, hatte sie dem auf der improvisierten Bühne stehenden Mann, der mit dem Mikrofon und den auf den Dächern des Batei Ungarin-Viertels befestigten Lautsprechern beschäftigt war, charmant zugewinkt. Sein schwarzer Hut mit der breiten Krempe und sein

weißes Hemd hatten die blonden Schläfenlokken betont, die auf seine breiten Schultern und noch ein wenig tiefer fielen und in der Sonne von goldenen Fäden durchzogen waren.
Der Talmudschüler hatte das Mikrofon an seine Lippen gehalten und ihr mit einer Stimme, die die umstehenden Häuser erschaudern ließ, zugerufen:
»Jebusiterin!«
Die junge, leger gekleidete und braungebrannte Frau machte in ihrem langen Kleid, das auf ihre hohen Sandalen fiel, eine heftige Bewegung, so daß ihr Pferdeschwanz vom Rücken nach vorn schwang, wo er sich eng an ihren Schwanenhals schmiegte.
Sie war gekommen, um für ihre Zeitung zu berichten, hatte sie mir erzählt, doch bis auf uns beide war niemand erschienen, um gegen die Ausgrabung und Schändung antiker Knochen zu demonstrieren. Die brütende Hitze war in den Nachmittagsstunden noch drückender geworden.
»Hirsch Salman! Wo sind die Plakate?« hatte der Talmudschüler von der Bühne einem schlaksigen jungen Mann mit schütterem Bart zugerufen, dessen rechte Schulter ein wenig hochgezogen war und der auf der anderen Seite des Platzes bei den Marktständen aufgetaucht war. Hirsch Salman hatte die schiefe Schulter

noch höher gezogen, geantwortet, es sei ihm zu heiß, um Plakate zu schleppen, und war im Schatten eines Standes auf dem verlassenen Markt verschwunden.
Ein paar Kinder hatten die Bühne umringt, und ein kleiner magerer, kurzsichtiger Junge hatte auf die Journalistin gezeigt, die er die »Nackte« nannte, und den Talmudschüler gefragt, ob man nun mit dem Steinigen beginnen könne.
Die Journalistin war aus dem schlanken Schatten des Strommastes getreten, hatte dem Mann auf der Bühne ein verlegenes Lächeln zugeworfen und sich zum Gehen gewandt. Zu mir sagte sie, sie wolle nicht mit leeren Händen in die Redaktion zurückkehren und sich ein wenig im Viertel umsehen. Der Talmudschüler war sauer, weil die Plakate fehlten, weil nicht einmal die zehn für das Nachmittagsgebet erforderlichen Juden zusammengekommen waren und weil sich niemand gefunden hatte, um auf der Bühne Psalmen zu singen. Unwirsch schraubte er das Mikrofon auseinander und verschwand im nächsten Haus.
Er tauchte erst wieder auf, als ich hinter der jungen Frau herging. Er saß in dem weißen Taxi und steckte den Kopf aus dem geöffneten Fenster. Auch nach seinem zweiten Fluch durch das Taxifenster ließ er nicht von der Journalistin ab. Er befahl dem Fahrer, das Tempo zu drosseln,

und so bewegten sie sich nebeneinander vorwärts: sie auf dem engen Bürgersteig, und er im Taxi, den Kopf aus dem Fenster gesteckt. Jetzt rief er ihr zum drittenmal etwas hinterher:
»Perisiterin!«
Die junge Frau drehte sich nicht nach ihm um. Sie fühlte sich nicht angesprochen. Sie setzte ihren Weg fort, und nur das Pendeln ihres Pferdeschwanzes quer über den engen Bürgersteig wurde schneller. Für einen Moment verschwand sie hinter einem schwarzen Lieferwagen, der mit den rechten Reifen auf dem Bürgersteig parkte, gänzlich aus dem Gesichtsfeld des Talmudschülers, und als sie wieder zu sehen war, hatte das weiße Taxi schon angehalten. Der Talmudschüler sprang heraus, ließ die Tür weit offen und baute sich in voller Schönheit vor ihr auf, während sein Gebetsschal wie eine Rüstung über seinem gebügelten Hemd lag.
»*Sójne* – Hure!« schrie er ihr ins Gesicht. Sie blieb wie angewurzelt stehen. Ihr Pferdeschwanz bewegte sich nicht mehr, doch sie blieb dem jungen Mann nichts schuldig und zahlte es ihm in derselben Sprache heim:
»Du frumer schmok!«
Der Talmudschüler schnappte sich den blonden Pferdeschwanz und zog. Ihr Kopf fiel in den Nacken. Die Journalistin griff mit beiden Händen nach seinen goldenen Schläfenlocken und

zog ebenfalls. Ihr Oberkörper bog sich zurück, und weil sie so zog, beugte sich der Talmudschüler beinahe über sie, und die beiden sahen aus wie mitten in einem Liebestanz.
Ein junger rothaariger, schwarzgekleideter Chassid mit einer weißen Kipa auf dem Kopf mischte sich ein. Er zerrte die beiden auseinander. Die Sonnenbrille der Journalistin fiel zu Boden, und in ihren Augen stand die nackte Angst. Ein paar junge Orthodoxe versammelten sich um sie, und der rothaarige Fromme in den schwarzen Kleidern schwang einen Stock über ihrem Kopf.
Sie preßte sich an die Mauer, und ohne zu zögern, lüpfte sie mit beiden Händen ihr langes Kleid, auf daß die frommen jungen Männer ihre Unterwäsche sahen und erschraken.
»Hau ab!« herrschte sie den Talmudschüler an. Dann bückte sie sich blitzschnell, schälte die Füße aus den Sandalen und sprang in die offene Tür des weißen Taxis. Der Talmudschüler steckte seine langen Schläfenlocken unter seinen schwarzen Hut, sah sich drohend um, und als er die Frau nicht mehr sah, stieg er ebenfalls in das Taxi und schlug die Tür hinter sich zu. Das Taxi fuhr wütend hupend los, und nur die Schaufäden des Talmudschülers, die in der Tür eingeklemmt waren, wehten im warmen Wind. Bevor das Taxi nicht mehr zu sehen war, öffne-

te und schloß sich die Tür, und die Schaufäden verschwanden im Innern des Wagens.
Als die Menge auseinandergelaufen war und ein Bus die auf der Straße liegende Sonnenbrille überfuhr, stand auf dem engen Bürgersteig an der Mauer nur noch ein Paar Sandalen mit hohen dünnen Absätzen.

Etwas Bewährtes im Lande Israel

Als ich in den letzten Bus vor Schabbatbeginn stieg, gab der Mann, der hinter dem Fahrer saß, mir ein Zeichen, ich solle neben ihm Platz nehmen. Er schob seine grüne Einkaufstasche zur Seite und verlagerte auch sein Holzbein, das er liebevoll streichelte, und sagte:

»Aus Rußland.«

Als der Bus anfuhr, fügte er hinzu:

»Sehr gutes Holz.«

Auch nach zweiundzwanzig Jahren in Israel war das Holz noch tadellos. Es war nicht durch die Sonne ausgetrocknet, und auch die Holzwürmer hatten ihm nichts anhaben können. Es gebe kein zweites dieser Art. Ich solle ihm, bitte schön, etwas derart Bewährtes in unserem Lande nennen.

Er hatte die Hose bis über das Knie hochgekrempelt, und der hölzerne Oberschenkel war im Rückspiegel über dem Kopf des Fahrers zu sehen. Ich nickte als Zeichen, daß ich ihm recht gab. Ich hätte weitergenickt, aber als der Bus an der nächsten Haltestelle hielt, gab mein Nachbar mir zu verstehen, ich solle gefälligst mit dem

Nicken aufhören und ihm nicht so nach dem Mund reden. Er durchbohrte mit dem Blick eine einsteigende junge Frau, und als sie an unserem Sitz vorbeiging, wies er auf ihre rote Hose und bemerkte, zu seinem Leidwesen würde eine wie sie sicher einen unversehrten Mann vorziehen. Das hatte er vor nicht allzu langer Zeit am eigenen Leib zu spüren bekommen, als seine Frau hier in Jerusalem in Neve Ya'akov starb. Wäre er intakt gewesen, hätte sicher eine in Rot oder eine in einer anderen Farbe an seine Tür geklopft und ihm, dem Witwer, eine warme Mahlzeit gebracht. Doch halbe Männer, das hatte er leider feststellen müssen, hatten im Land der Juden keine Chance. Und so mußte er sich seine bescheidenen Mahlzeiten selber kochen und hatte sich die Verdauung ruiniert.
Er bat mich, seine grüne Tasche einen Moment lang zu halten und nicht solch ein mitleidiges Gesicht zu machen. Alles, nur kein Mitleid. Er war nicht der Typ, der eine große Sache daraus machte. Auch in der Roten Armee, als er das Bein irgendwo auf dem Weg zwischen Moskau und Berlin verloren hatte, machte er nicht viel Aufhebens darum, ebensowenig wie um den Tod seiner Frau und den Durchfall.
Ich nickte wieder und gab ihm ohne Worte zu verstehen, daß derartiges einem einsamen Menschen auf unserem Planeten widerfahren konn-

te. Ich bedauerte, daß es mir während unserer kurzen Fahrt durch die Jaffa-Straße und später über den Herzl-Boulevard nicht gelang, etwas zu finden, auf das wir beide uns hätten einigen und das wir beide hätten gutheißen können. Nicht genug. Auch sein Holzbein, das zunächst einen guten Eindruck gemacht hatte, büßte während der Fahrt an Attraktivität ein.
Er saß neben mir und trieb den Fahrer zur Eile an, denn die Zeit drängte. Der Schabbat nahte, und er mußte an der Haltestelle am Herzl-Berg aussteigen und von dort per Anhalter oder zur Not auch zu Fuß mit der schweren Tasche nach Ein Kerem.
»Was haben Sie denn in der Tasche?« fragte ich. Nur Gutes. Spielzeug, Süßigkeiten, einen Kuchen, Wein. Für seine Enkel und seine beiden Söhne, die Schwiegertöchter, seine Tochter und den Schwiegersohn – alle gut verheiratet.
»Eine Familienfeier«, sagte er und betätigte den Halteknopf, als der Bus die Kreuzung überquerte und auf die Haltestelle mit der großen roten Eisenplastik zufuhr.
Ich reichte ihm die grüne Tasche und half ihm aus dem Bus. Im letzten Moment, als er schon auf dem Gehweg stand, rief ich ihm aufgeregt zu, daß ich doch noch etwas Bewährtes im Land der Juden gefunden hätte:
»Die Familie«, rief ich. »Ihre Familie!«

Der Mann hob die Tasche und machte sich in Richtung Statue – offene Tore in alle Himmelsrichtungen – auf den Weg, und dann drehte er sich noch einmal zu mir um und rief:
»Die Familie? Meine Familie? Am liebsten mache ich einen großen Bogen um sie!«

Die Bettlerin

Ich bin ein kleiner Mann. Doch in den frühen Morgenstunden, wenn die Sonne niedrig steht, ist mein Schatten sehr lang.
Tag für Tag rennt er mir voran. Ich bleibe an der roten Ampel stehen, und er ist schon auf der anderen Straßenseite. Er erreicht als erster die Bettlerin, die auf dem Bürgersteig sitzt, in Kleidern, die sie an den Haustüren der Armen und der Reichen erbettelt hat. Nur ihre zum Betteln ausgestreckte Hand ist in der Sonne.
Ich lege mir jeden Tag auf meinem Weg zur Arbeit einen Schekel für sie zurecht, und noch bevor ich die Münze in ihre Hand drücke, bedankt sie sich schon und segnet mich.
Wenn mein Schatten auf ihre sonnige Handfläche fällt, weiß sie, jetzt kommt der Schekel. Sie ist die einzige Frau in Jerusalem, die mich an meinem Schatten erkennt.

Der Herzl-Boulevard an einem Regentag

Die Geschichte handelt von zwei Regentropfen mitten im Winter im Bus Nummer zwanzig. Doch zunächst eine Frage: Wo beginnt in Jerusalem der Schabbat?
Die Antwort lautet:
Im letzten Stadtbus.
Der Fahrer hat eine Glatze, und ich, der einzige Fahrgast, sitze in der ersten Reihe hinter ihm. Die leeren Sitzplätze hinter uns feiern schon Schabbat.
Auch meine Glatze spiegelt sich im Spiegel über dem Fahrer. Er hält bei Rot an einer Ampel am Herzl-Boulevard. Rechts die Friedhofsmauer. Links ein Polizeiauto mit blinkendem Blaulicht. Es regnet. Jenseits der Windschutzscheibe sieht es bedrohlich aus. Ein Blitz hat das Grau schon gespalten. Der Donner bleibt noch aus, doch er wird nicht auf sich warten lassen. Die Scheibenwischer bewegen sich pausenlos hin und her. Der Regen trommelt auf das Dach des Busses, und gegen die geschlossene Tür hämmert ein bärtiger Mann, der einen schwarzen Hut mit breiter Krempe trägt.
Meine Augen treffen die des Fahrers im Rück-

spiegel. Beide Glatzen ähneln einander sehr und bezeugen unser Einvernehmen über den Mann vor der Tür: Er wird nicht einsteigen, die Tür wird geschlossen bleiben.

Der Donner kommt und geht. Es gießt in Strömen. Das Grau droht noch immer vor der Scheibe. Auch das Blaulicht auf dem Dach des Polizeiautos blinkt weiterhin gefährlich. Es fehlt dem Fahrer gerade noch, daß er pünktlich zum Schabbat einen Verweis bekommt, weil er vor dem Auge des Gesetzes bei Rot die Tür öffnet.

Dieses Bild tauchte, wie von Zauberhand, in meinem Kopf auf, als ich mitten im Sommer in die Zwanzig stieg, in der derselbe Fahrer saß. Ich hielt ihm meine Monatskarte hin, und er sah mich kurz an und machte die gleiche Bewegung wie an jenem verregneten Schabbatabend, diesmal war es jedoch trocken – er strich sich mit der Hand von Ohr zu Ohr über die Glatze. Ich setzte mich in die erste Reihe hinter ihn und war versucht, ein paar Worte mit ihm zu wechseln. Vielleicht würden sich wenigstens unsere Blicke im Rückspiegel kreuzen. Ich hätte ihn gern gefragt, was damals, an diesem Regentag, in ihm vorgegangen war, als er bei Rot an der Ampel hielt, den Friedhof zu seiner Rechten und die Polizei zu seiner Linken und den nassen Mann vor der Tür, die geschlossen bleiben würde.

Die Tür hatte sich doch geöffnet, und der Mann war eingestiegen. Draußen hatte er klein gewirkt, aber im Innern des Busses war er dann sehr groß. Sein Hut, dessen Krempe er ein wenig in die Stirn gezogen hatte, berührte beinahe die Decke. Er hielt dem Fahrer eine Fahrkarte zum Abstempeln hin, und als dieser sich nach dem Locher bückte, beugte der Mann sich über ihn und sagte:
»Ich bin Ihnen außerordentlich dankbar, daß Sie mir die Tür geöffnet haben.« Ein dicker Regentropfen, der sich an der Hutkrempe gesammelt hatte, landete auf der Glatze des Fahrers.
Der Fahrer reichte dem Fahrgast den entwerteten Schein und gab ihm mit der Hand zu verstehen, er solle nach hinten, in den »Salon« gehen. Er starrte auf die rote Ampel, und der dicke Regentropfen, der sich im Rückspiegel spiegelte, tropfte auf sein rechtes Ohr.
Auch diesmal, mitten im Sommer, gelang es mir nicht, mit dem Fahrer ins Gespräch zu kommen. Nun trafen sich unsere Blicke nicht einmal im Spiegel. Der Bus füllte sich mit Fahrgästen. Die Straße füllte sich mit Autos.
Der nasse Fahrgast war dem Wunsch des Fahrers nachgekommen und hatte ein paar Schritte in Richtung »Salon« gemacht. Plötzlich hatte er innegehalten, als stünde er erneut vor einer geschlossenen Tür, hatte kehrtgemacht und war

zum Fahrer zurückgegangen. Und während dieser sich ein wenig bückte, um den Locher wieder an seinen Platz zu legen, hatte der Mann den Kopf mit dem breiten Hut gesenkt und gesagt:
»Auch wenn Sie mir die Tür nicht geöffnet und mich nicht hereingelassen hätten, wäre ich Ihnen überaus verbunden gewesen.«
Ein zweiter Tropfen war an der Hutkrempe zusammengelaufen, auf die Glatze des Fahrers gefallen und hatte sich im Rückspiegel gespiegelt, diesmal seitenverkehrt.
Die Ampel war umgesprungen, der Bus war angefahren, das Polizeiauto war losgeprescht, wir ließen die Friedhofsmauer hinter uns, und der zweite Regentropfen war langsam auf das linke Ohr des Fahrers geglitten.

Ein Teil der Landschaft

Ich kam 1950 aus Australien in den Kibbuz Gvat. Noch in Australien sagte man zu mir, du ziehst nach Israel, du wirst dort ein Teil der Landschaft werden.
Ich bin in Israel, Hirte im Kibbuz Gvat. Ich stehe mit der Herde auf einem Hügel in der Nähe der Straße von Haifa nach Nazareth. Was für eine herrliche Landschaft! Wann werde ich endlich ein Teil von ihr sein?
Das Land drängt mich: Fotografiere mich!
Ich stehe vor einem Felsen, lehne mich an ihn. Die Schafe weiden leise, und ich lese still ein englisches Buch: *The Ethics* von Baruch Benedictus Spinoza.
Ein Wagen hält an der Straße, er kommt direkt aus Hollywood, und ein Paar steigt aus, ebenfalls geradewegs aus Hollywood. Die Frau – ein Star, einem Plakat entstiegen.
Sie kommt näher, umarmt den Felsen von hinten, und der Mann, mit Fliege und Schnurrbart, nimmt sie vor der Landschaft auf.
Das Tal öffnet sich dem Blick.
»Ich habe nur einen Ausschnitt der Landschaft erwischt«, ruft er ihr zu.
Sie kommt auf meine Seite und umarmt mich zusammen mit dem Felsen.

Der Fliegenträger ruft ihr zu:
»Achtung! Da steht ein Mann.«
Der Star sieht mich an und sagt:
»Was für ein Mann? Ich sehe nur einen Hirten. Einen Teil der Landschaft.«
Ich zucke zusammen. Ich halte das aufgeschlagene Buch in Händen. Wenn sie einen kurzen Blick darauf werfen würde, würde sie sehen, was ich lese.
Ich lasse das Buch aus der Hand fallen. Ich trete auf Benedictus Spinoza, höre das Klicken und bin endlich ein Teil der Landschaft.

Der Mann in der Sonne

Ich brach früh am Morgen auf, um unter Menschen zu kommen. Ich traf einen Mann an einem sonnigen Plätzchen in der Giv'on-Straße, einer engen, schattigen Gasse in Nachla'ot. Er saß allein auf einer Bank für zwei. Wie ich so vor ihm stand, fiel mein Schatten auf ihn. Er lächelte und bat mich, einen Schritt zur Seite zu gehen. Ich erzählte ihm, daß ich in dem kleinen polnischen Stetl, in dem ich aufgewachsen bin, nicht an die Tür klopfte, wenn ich das Haus eines Nachbarn betrat. Ich drückte die Klinke herunter, und schon war ich drin. Und wenn der Nachbar zu uns kam, machte er es ebenso.

Der Mann stand auf und verließ sein sonniges Plätzchen. Er stellte sich vor, er hieß Uri, und erzählte mir seine Lebensgeschichte. Er war achtundsiebzig und noch immer Schuster. Ein gebürtiger Marokkaner.

Er umarmte mich, und für einen kurzen Moment war er bereit, für mich wie jener polnische Nachbar zu sein, eine Art leicht zu öffnende Tür.

Zwei Fotografen – eine kurzhaarige Frau und ein Mann mit einem langen Pferdeschwanz – hielten unsere Umarmung fest. Knopf an Knopf,

Stirn an Stirn. Und meine polnische und Uris marokkanische Glatze verschmolzen auf ihrem Bild zu einem einzigen Stück Brachland.

Nichts als ein Schatten

Ein berühmter Dichter kam zu mir in meine Wohnung. Mit einem Glas in der Hand schritt er durch mein Wohnzimmer und redete über sich selbst und über Jerusalem.

Für beides begeisterte er sich.

Er war so verzückt, daß er sich in den Sessel warf, ohne zu bemerken, daß ich unter ihm saß. Ich machte meiner Frau ein Zeichen, den Mund zu halten. Laß mich ein Schatten sein. Er war schwer. Er lastete auf mir. Ich war beteiligt, wenn ich auch nicht direkt teilnahm.

Auch Jerusalem lastet auf mir. Doch wenn sich am Horizont eine neue Geschichte abzeichnet und ebenfalls auf mir lastet, bleibe ich freiwillig ein Schatten. Ein unbeteiligter Teilnehmer.

Der kleine Schuster

Nachdem der Schuster aus Nachla'ot mich erkannt hatte, ging ich nicht mehr in seine Werkstatt, um den strengen Geruch des Leims einzuatmen.

Mein Vater war Schuhmacher gewesen, und der scharfe Geruch hatte bei uns zur Familie gehört und an unseren Kleidern gehaftet. Als ich ein Junge war, schämte ich mich dafür. Nun suchte ich ihn. Eine Zeitlang war ich zu dem Rumänen Uri, einem Schuster in unserem Viertel, in der Nähe des Zentrums von Kiryat Ha-Yovel, gegangen, um den Geruch einzuatmen. Als Vorwand hatte ich ihm Schuhe zum Besohlen gebracht, doch als mir die Schuhe ausgingen, hatte ich ihm die Wahrheit gestanden. Uri, der Rumäne, hatte sich an eine junge, etwas abseits sitzende Frau gewandt und mit schiefem Mund, damit ich es nicht hörte, zu ihr gesagt:

»Meschugge!«

Mir hatte er erzählt, daß auch seine Familie im Zweiten Weltkrieg verschwunden und nichts von ihr geblieben war.

Sein Spott war mit dem Geruch aus meiner Erinnerung verschmolzen. Ich hatte ihn weiterhin aufgesucht. Doch dann war er plötzlich gestor-

ben, und seine kleine Hütte war zu einem Blumenladen geworden.
In Nachla'ot, in einer der engen Gassen, die zum Machane Yehuda-Markt führen, hatte ich bald danach eine große Werkstatt mit einem kleinen Schuster entdeckt. Als ich die Werkstatt betrat, hatte ich ihn zunächst gar nicht gesehen. Er saß auf einem Hocker, über eine niedrige Werkbank gebeugt. In der Hand hielt er einen Hammer, zwischen den Knien einen Schuh, und Holznägel ragten aus seinen Lippen. Er war so vertieft in seine Arbeit, daß er mein Kommen und Gehen nicht zu bemerken schien. Ich war ihm auch dann nicht aufgefallen, als ich das nächste Mal kam und in seiner Werkstatt ein paar Runden drehte. Bei meinem dritten und vierten Besuch fühlte ich mich schon wie zu Hause. Ohne Schuhe und ohne Ausreden, sagte ich mir, während ich herumlief und der Schuster in seine Arbeit vertieft war, ohne wahrzunehmen, was um ihn herum geschah. Fast wie mein Vater, dachte ich. Oft hatte sich meine Mutter gewundert, wie mein Vater sich dermaßen von der Welt abkapseln konnte, wenn er arbeitete. Sie pflegte zu behaupten, daß er einen Menschen leicht vergessen konnte, aber ein Schuh, den er einmal repariert hatte, würde nie aus seiner Erinnerung gelöscht.
Auch mein Vater war ein kleiner Mann gewesen.

Als ich die Werkstatt in Nachla'ot zum fünftenmal betrat, ertappte ich mich dabei, wie ich mir vorstellte, der Schuster sei er. Ich versuchte, die Vision abzuschütteln, doch sah ich noch immer meinen Vater vor mir.

Als ich schon im Begriff war zu gehen, richtete der Schuster den Blick auf mich, musterte lange meine Schuhe und rief seine Frau:

»Zehava!«

Seine Frau trat aus dem Hinterzimmer, trocknete sich die Hände ab, und der Schuster deutete mit dem Hammer auf mich und fragte sie, ob sie mich erkenne. Die Frau ließ das Handtuch von Hand zu Hand wandern, ohne sich an mich zu erinnern.

»Wir haben ihn im Fernsehen gesehen«, verkündete der Schuster, wobei er einen Holznagel aus dem Mund zog. »Als wir die Sonnenblumenkerne geknackt haben«, fügte er hinzu. »Er war es.«

Zehava hatte das Handtuch hinter dem Rücken verborgen. Mit der freien Hand strich sie über ihr Haar, trat einen Schritt auf mich zu und nahm mich ausgiebig in Augenschein. Wer hätte je gedacht, daß sie einmal in den Genuß kommen würde, so nah bei einem Menschen zu stehen, der im Fernsehen aufgetreten war. Dann hatte sie die freie Hand zurück zu dem Handtuch hinter ihrem Rücken gesteckt. »Im Fernse-

hen«, wiederholte sie verstört die Worte ihres Mannes.
»Hat er dort gesungen?« fragte sie.
Der Schuster konnte sich nicht erinnern.
»Hat er was gesagt?« fragte sie.
Der Schuster erinnerte sich nicht.
»Wie heißt er?« fragte sie.
Der Schuster hatte keine Ahnung. Er zeigte wieder mit dem Hammer auf mich und erzählte ihr, er habe mich bemerkt, wie ich vier- oder fünfmal hereingekommen war, mich umgesehen hatte und gegangen war, ohne ein Wort zu sagen. Er hatte sich zwar gefragt, wieso ich gekommen und wieder gegangen war, aber er hatte mich nicht angesehen, weil er mich nicht stören wollte. Doch nun, nachdem er mich im Fernsehen gesehen hatte, hatte er einen Entschluß gefaßt. Er hatte auf mich gewartet, und als ich den Laden betrat, hatte er mich gleich erkannt.
»Er ist es!« sagte er im Brustton der Überzeugung.
»Woran hast du ihn erkannt?« fragte Zehava und berührte mich.
Der Schuster hatte sich ein wenig von seinem Schemel erhoben, hatte den Hammer auf den Tisch gelegt, die Nägel aus dem Mund genommen und liebevoll zu seiner Frau gesagt:
»An den Schuhen, Zehavinka! An den Schuhen!«

Selbstgespräche

Ich schlug die Tür zu und war draußen. Die Fensterscheiben klirrten. Meine Tochter sollte wissen, daß ich so bald nicht mehr nach Hause kommen würde. Ich mußte mich erst einmal beruhigen. Eine Busfahrt würde mir guttun. Ich würde zu einem weitentfernten Stadtteil fahren, würde mir ein wenig die Beine vertreten und wieder zurückkommen. Und wenn das nicht ausreichen würde, würde ich in einen zweiten Bus steigen. Noch ein Stadtteil. Jerusalem ist die Stadt der Stadtteile. Nur schade, daß an der Bushaltestelle in der Nähe meiner Wohnung nur ein einziger Mann wartete. Ein Zeichen, daß ich gerade einen Bus verpaßt hatte. Ich hätte den Mann – er trug eine dunkle Brille und einen Stock – gern gefragt, ob er schon lange wartete. Doch er stand am Straßenrand und sprach mit sich selbst. Ich wandte mich von ihm ab und begann ebenfalls ein Selbstgespräch. Die Fensterscheiben, die beim Zuschlagen der Tür vibriert hatten, zitterten noch in meinem Kopf. Was wollte meine Tochter von mir? Mit einem boshaften Lächeln wollte sie wissen, wie ich reagieren würde, wenn sie, Nurit, eine Schülerin der elften Klasse, eines Tages aus der Schule käme und mir mitteilte, daß sie schwanger sei.

»Schwanger von wem?«
Kein Kommentar.
Sie hatte mir eine Falle gestellt, um mir zu beweisen, daß ich blind bin für das, was in ihr vorgeht. Daß ich sie nicht verstehe. Daß sie alt genug ist, um selbst über ihr Leben zu bestimmen. Ich sollte künftig meine Nase nicht in Angelegenheiten stecken, von denen ich nichts verstand.
Panik, die dem Zittern meiner Fensterscheiben entsprach, erfaßte mich, und kein Bus weit und breit. Der Mann mit der dunklen Brille setzte seine Selbstgespräche fort, und weitere Fahrgäste blieben aus. Wären ein paar Leute gekommen, wäre ich erleichtert gewesen. In einer langen Schlange fällt mir das Warten nicht schwer. Am Vortag hatte ich in einer Warteschlange gestanden und ungeduldig auf den verspäteten Bus gewartet. Lästige Gedanken hatten mich gequält, und Melancholie hatte mich zernagt, als ein Mann hinter mir seinem Ärger Luft machte. Es war fast so, als hätte meine schlechte Laune für einen kurzen Moment von mir abgelassen und sich auf ihn übertragen. Erleichterungen dieser Art halten nicht lange vor, sind beim Schlangestehen jedoch willkommen.
Ich habe mal an einem glühendheißen Tag ein Nilpferd gesehen. Sein Rücken war voller Fliegen und sein Schwanz zu kurz, um sie zu vertrei-

ben. Es marschierte auf einen Tümpel zu, ließ sich langsam hineingleiten, versank, bis über die Schwarte, ganz im Wasser, tauchte unter und nach einer Weile wieder auf. Währenddessen schwebte eine erschrocken summende Fliegenwolke über der Wasseroberfläche: Wo war der Rücken? Das Nilpferd stieg ein wenig abseits aus dem Tümpel – ein fliegenfreier Augenblick an einem sengendheißen Tag.

Heute gab es keine Schlange, und der Mann mit der dunklen Brille redete noch immer mit sich selbst. Und ich mit meiner Tochter. Nurit, sprach ich sie an und machte eine Pause. Was konnte ich zu ihr sagen, außer sie weiter wütend zu beschimpfen. Unsere Auseinandersetzung war längst zu einem Streit angewachsen. Eine Schwangerschaft?

Ich fragte sie, ob sie mich denn nicht verstehe. Ob eine Schwangerschaft allein ihre Angelegenheit sei und nicht die meine. Ob sie denn nicht sehe, worum es mir ging.

»Siehst du es denn nicht?« hatte ich sie gefragt und wiederholte mich nun mit dem Gesicht zur Rückwand der Bushaltestelle. Je öfter ich die Frage stellte, desto mehr geriet ich außer mir, und von dem Bus noch immer keine Spur. Wo steckte er? Schon das Einsteigen in den Bus bewirkt etwas in mir. Die Fahrkarte. Das Lochen. Die Suche nach einem passenden, bequemen

Platz, und um mich herum Menschen und Fenster. Ich hörte mich selbst, wie ich leise schrie: Wo bleibt der Bus?

Endlich kam er. Ich stieg nicht ein. Es war nicht mehr nötig. Völlig entspannt ging ich wieder nach Hause.

»Was ist passiert?« fragte meine Tochter immer noch stichelnd und spöttisch grinsend. »So schnell hast du dich beruhigt?« hörte ich sie fragen.

»Geh aus dem Haus und vergiß nicht, die Tür zuzuschlagen. Fest, bis die Fensterscheiben klirren. Dann warte an der Haltestelle auf einen Bus. Auf irgendeinen x-beliebigen. Womöglich hast du Glück und dir passiert, was mir widerfahren ist, und du beruhigst dich ebenfalls sofort. Deine schönen Augen werden wieder sanft, und du wirst sie nicht länger vor meinen Argumenten verschließen.«

Der Mann, der an der Haltestelle mit mir wartete, hatte gar nicht mit sich selbst gesprochen. Er sprach mit mir! Aber Ärger und Wut hatten mich geblendet, und ich hatte die Zeichen nicht verstanden – schwarze Brille, Stock in der Hand. Er war lauter geworden und hatte mich gefragt, warum ich ihm nicht zuhöre. Er hatte eine Bitte: Wenn der Bus käme, sollte ich ihm beim Einsteigen behilflich sein. Er hatte noch nicht gelernt, zwischen den neuen und den alten Stadtbussen zu unterscheiden. Das Trittbrett in den alten Bussen war sehr hoch. Vor kurzem hatte er sich am Bein gestoßen, und die Wunde war noch nicht verheilt. Er bat mich, ihm zu helfen und das Bein zu heben. Ich tat, worum er mich bat, und wuchtete ihn hoch. Als er schon mit beiden Beinen auf dem Trittbrett stand, wäre er um ein Haar wieder herausgefallen. Ich hielt ein Bein fest, und mit der freien Hand drückte ich gegen seinen Rücken und schob ihn mit aller Kraft in den Bus, als ich die Stimme einer Frau aus dem Innern hörte: »Drängeln Sie doch nicht so! Sieht denn hier keiner, daß eine Blinde aussteigen will?«

Ein verstohlener Blick

Ich wollte dem elegant gekleideten Herrn nicht zeigen, daß ich mich von ihm belästigt fühlte, als er mich zu Beginn unserer Bekanntschaft auf dem Weg zur Arbeit nötigte, mich neben ihm niederzulassen. Später, als ich mich an ihn gewöhnt hatte, freute es mich, daß er sich die Umstände machte und mir den Platz neben sich reservierte. Und als er plötzlich starb, fehlte er mir morgens, und wenn ich in den Bus stieg, war sein Platz in der dritten Reihe hinter dem Fahrer wie ein Denkmal.

Zunächst hatte ich gar nicht gewußt, daß er gestorben war. Ich erfuhr es von einer jungen, rundlichen Frau, die ebenfalls jeden Tag zur gleichen Zeit mit der Fünfzehn fuhr, von Katamonim nach Har Nof, durch Straßen, die vor dem Betrachter ihr Innerstes nach außen kehren.

»Nicht schade um ihn«, sagte die junge Frau, nachdem ich neben ihr Platz genommen hatte. Ihr Name stand in großen Buchstaben auf einer blauen, auf ihren Knien ruhenden Stofftasche: Nili Gonen. Nachdem sie zwei Haltestellen lang geschwiegen hatte, nannte sie mir den Namen des Verstorbenen: »Baruch Glick.«

Sie konnte sich noch gut daran erinnern, wie

ich zu seinem Busnachbarn geworden war. Ich war einmal über ihn gefallen, als ich während der Fahrt im Gang neben ihm gestanden hatte. Um sicherzugehen, daß sich so etwas nicht wiederholen würde, hatte er mich am folgenden Tag am Ärmel gezupft, und sein Hinweis war unmißverständlich: Der Platz neben ihm sei frei, ich solle mich setzen. Eine Woche lang hatte er mich so am Ärmel gezupft und dafür gesorgt, daß mir unterwegs nicht langweilig wurde. Er hatte das starke Bedürfnis gehabt, Ordnung im Bus zu schaffen. Der Fahrer sollte das Radio lauter drehen, dann sollte er es wieder leiser stellen. Auch Nili Gonen hatte er einmal zur Raison gerufen. Ihr Gelächter hatte ihm mißfallen, und er hatte sie angeherrscht: »Na hören Sie mal! Also bitte!«
Nili erzählte mir, daß er zwar ihren Namen gekannt, aber im Zorn jeden Namen vergessen hatte. Allein die Vornamen der Fahrer waren ihm nie entfallen. Er hatte sie respektvoll »Herr Vladimir« genannt. Und »Herr Yichye«. Sein Hebräisch mit dem deutschen Akzent hatte gestelzt geklungen und sie amüsiert. Sie wußte vieles über ihn zu berichten. Die beiden waren Nachbarn gewesen. Einmal war er beinahe ihr Stiefvater geworden. Ihre Mutter war vor vielen Jahren ebenfalls über ihn gefallen, und schon damals hatte er so etwas gehaßt. Er hatte sich

aufgeregt, ihren Namen vergessen und dann fast zwanzig Jahre lang mit einer anderen zusammengelebt. Zwei Jahre nach der Hochzeit war ihm auch der Name seiner Frau, mit der er bis zu seinem Tod kein Wort mehr wechselte, entfallen.

Von alldem hatte ich zu seinen Lebzeiten nichts gewußt. Während der Fahrten hatten wir keinerlei persönliche Informationen ausgetauscht. Ein Bus ist ein äußerst lebhafter Ort. Man muß die Augen offenhalten und beobachten, was um einen herum vorgeht. Man kann auch gern ein Fenster aufschieben und die Straße hereinlassen. Nur nicht in Rechavya. Dort dösen die Straßen in ihrem Grün vor sich hin. Anders in Mekor Baruch. Schon an der Haltestelle Nathan Strauss kommt die Straße in Gestalt eines schlaksigen Talmudschülers in den Bus. Ich solle doch bitte mal schauen, wie sein Hut die Dekke berührt und wie ihm die Schläfenlocken auf die Schultern fallen. Ein wirklich stattlicher Talmudschüler. Ich solle ihn nicht aus den Augen lassen, wenn er im Gang neben uns stand. Am Schabbat-Platz, bevor der Bus nach links in die Malchei Isra'el-Straße abbiegt, beginnt der Talmudschüler, mit beiden Händen mit seiner linken Schläfenlocke zu spielen und den Blick unschuldig auf die Tür zu richten, die sich an der nächsten Haltestelle für Königin Esther öff-

nen wird, wie Baruch Glick die junge, dort einsteigende Frau wegen ihrer grünen Schönheit nannte. Ihr langes Kleid erwachte bei ihren Bewegungen zum Leben. Seine Falten und ihre Kurven verschmolzen zu einer harmonischen Melodie. Ihr Körper war ein einziger Gesang. Wenn ich mich ein wenig bemühe, kann ich die beiden in den Scheiben des geöffneten Fensters sehen, wie sie an ihm vorbeigeht und wie beide den Bauch einziehen, damit sie sich nicht berühren. Und selbst diese nicht stattfindende Berührung wird zu einer Melodie.
Der Talmudschüler wechselt die Schläfenlocke, als die junge Frau sich einen Weg durch den Gang bahnt, und sein Gesicht ist nun dem Innern des Busses zugewandt. Mit beiden Händen kräuselt er, am Messezentrum entlang, die rechte Schläfenlocke, vorbei an den warmen Düften der Brotfabrik Angel und durch die Windungen und Kurven, die der Bus an den Hängen von Har Nof nimmt.
An der Endstation, wenn die Jerusalemer Berge die Fenster füllten, stiegen beide an verschiedenen Türen aus und gingen zusammen weg, und Baruch Glick, sein Andenken sei gesegnet, hörte draußen Musik erklingen.
»Man sieht die beiden nicht mehr«, sagte Nili zu mir. Baruch Glicks Frau stattete ihr hin und wieder einen Besuch ab und erzählte ihr, auch

in ihrem Haus habe sich vieles verändert. Das Schweigen, das früher herrschte, war zu Stille geworden. Auch die Fahrten waren nach Nilis Meinung nicht mehr das, was sie einmal waren. Den Platz des Verstorbenen hatte ein seniler Schwätzer übernommen. Der Fahrer Yichye war in Rente gegangen, und Herr Vladimir hatte sich zum orthodoxen Judentum bekehrt. Er hatte sich eine Kipa aufgesetzt, und statt des zweiten Programms erklang nun »Die lebendige Stimme« aus dem Radio.

»Die ganze Welt ist in Bewegung«, sagte Nili, und nach einer kurzen Pause fügte sie hinzu: »Wie der Bus.«

Der kleine Fuß

Es war eine kurze Gasse. Zwei, drei Minuten Fußweg. Doch die überraschende Begegnung mit dem kleinen Fuß gab mir das Gefühl, sie sei zweiundsiebzig Jahre lang.
Ich war nach Nachla'ot gekommen, um mir ein Zimmer anzusehen. Die Vermieterin hatte mich telefonisch mit zwei Wegweisern versehen: einem geflickten, rostigen Blechdach und einer quer über die Gasse gespannten Wäscheleine. Beides sah ich schon von weitem hinter einem schwarzgekleideten Mann, der auf mich zukam und eine in einen Gebetsmantel gehüllte Thorarolle auf dem Arm trug. Einen Augenblick lang fragte ich mich, ob der Mann nicht geradewegs von der Wäscheleine geklettert war. Ich blickte auf seinen Bart, den er vor sich hertrug, und etwas, das darunter hervorblitzte. Was es war, konnte ich nicht sagen. Als ich ihn mir noch einmal ansehen wollte, war der Mann schon hinter der Biegung verschwunden und hinterließ nichts als einen glühendheißen, stickigen Tag.
Die Wäsche nahm die gesamte Breite der Gasse ein, von Mauer zu Mauer. Fünf Leinen. Männer und Frauen getrennt. Auf der ersten Leine hing ein Gebetsschal, und dahinter äugte ein zwischen

Leintüchern versteckter Büstenhalter hervor. Ich suchte auf beiden Seiten nach einem Durchgang und schreckte eine trächtige gescheckte Katze auf, die aus einem überquellenden Müllcontainer sprang. Nach kurzem Zickzacklauf suchte sie unter dem Container Zuflucht, und in ihrem sicheren Versteck ließ sie mich nicht mehr aus den Augen.

Es gab kein Durchkommen. Ich fand auch keinen Grund, länger nach dem Zimmer zu suchen. Ich würde mir ein Zimmer in einem anderen Stadtteil suchen. Einem Stadtteil ohne gescheckte Katzen, ohne rostige Dächer und ohne sperrige Wäscheleinen.

Die Schaufäden an der Leine erregten meine Aufmerksamkeit. Sie bewegten sich nicht. Ich duckte mich und ging gebückt unter ihnen hindurch. Unter dem Büstenhalter, neben einem vergitterten Loch in Kniehöhe, blieb ich stehen. Durch das Gitter schaute eine mit zahnlosem dunklem Mund kauende Frau. Ich ging in die Knie und sprach sie an. Ich fragte sie nach dem Zimmer. Möglicherweise war sie ja die Eigentümerin. Doch sie gab keine Antwort. Sie sah weiter kauend aus dem Loch. Ich wechselte das Knie und wiederholte meine Frage, allein – es war umsonst. Enttäuscht kämpfte ich mich unter der Wäsche ein Stück weiter vor.

Ein lichtdurchfluteter Hof hinter einem weit offenstehenden Tor erwartete mich, als ich wieder auftauchte. Im Hof saß ein schwarzer Kater auf einem hohen Schemel, und als ich näher kam, suchte er nicht das Weite, sondern bewegte den Kopf rhythmisch von rechts nach links und wieder zurück. Vor dem Hocker stand eine Wanne, und in dem niedrigen Wasser schwamm, im gleichen Rhythmus wie der Kopf des Katers, ein Fisch, der sein leeres Maul öffnete und schloß. Ich ließ mich von dem Kater inspirieren und bewegte den Kopf ebenfalls einige Male hin und her: Nein, nein, hierher würde ich nicht ziehen, und wenn man mir das Zimmer fast umsonst vermieten würde.

Die Gasse mündete in einen schmalen Gang zwischen zwei Balkonen, die sich einander zuneigten, so daß die Ecken sich berührten. Die beiden Frauen rührten sich nicht. Sie saßen auf ihren Balkonen, die Hände über den dicken Bäuchen verschränkt. Ich hatte nicht die Absicht, mich bemerkbar zu machen und sie nach dem Zimmer zu fragen. Ohnehin würde ich hier nicht wohnen wollen. Doch ich hob die Hand, um einen blanken Kupfertopf von Nachbarin zu Nachbarin zu befördern. Während des Transports verfing sich ein goldener Sonnenstrahl auf dem Topf und blendete mich. Die Nachbarinnen lächelten sich über meinem Kopf vielsagend an.

Ich ließ die Gasse hinter mir, fest entschlossen, nicht mehr hierher zurückzukehren. Während ich mit einem Gefühl der Befreiung aufatmete, tauchte der schwarze Mann wieder auf, noch immer die in den Gebetsmantel gehüllte Thorarolle auf dem Arm. Er ging auf ein Gebäude zu, aus dem Kinderstimmen drangen und das Alphabet aufsagten. Ein kleiner Fuß erschien unter dem Gebetsmantel. Also keine Thorarolle. Es war ein Vater, der seinen dreijährigen Sohn zum erstenmal in den Cheder brachte. Auch mich hatte mein Vater vor zweiundsiebzig Jahren, in einen Gebetsmantel gewickelt, in den Cheder gebracht.
Der Vater betrat das Gebäude, und ich machte kehrt und ging zurück in die enge Gasse.

Der Hutmacher

Er erkannte mich nicht, der Hutmacher aus Me'a She'arim, als ich seinen Hof im Batei Ungarin-Viertel betrat. Ich warf nochmals einen Blick auf den Zettel in meiner Hand und verglich die Notiz mit dem Namen, der auf dem verblichenen schiefen Schild über seiner Werkstatt stand:
»Reuven Zaynwirt – Hitlmacher«.
Er stand mit weit geöffnetem Mantel in der Tür, rechts ein kleines, bauchiges Weinfaß, das er für das Festessen in der Synagoge besorgt hatte, wozu auch ich geladen war. Wie sein Faß war er klein und rund.
»Ich bin der aus dem Bus!« rief ich ihm zu.
Wir hatten beide die Linie fünf genommen, um in dem neuen Sha'arei Tsedek-Krankenhaus Wöchnerinnen zu besuchen. Er hatte, umringt von seinen fünf Töchtern, in meiner Nähe gesessen. Die älteste Tochter, die vielleicht zehn Jahre alt war, ließ nicht locker, bis er ihr die Namen der Schwesterchen verriet, die die Mutter geboren hatte.
Der Hutmacher steckte sich eine Bartlocke in den Mund und wollte sich nicht mehr an mich erinnern. Er sah meine hellen Kleider nur sehr ungern in seinem Viertel, und auch mein Hut,

der Hut eines Ungläubigen, brachte ihn in Verlegenheit. Doch damals – in dem Bus, auf dem Weg zum Krankenhaus, und später in dem geräumigen Aufzug und vor allem auf der Säuglingsstation, als der Arzt die Besucher bat, das Zimmer der Wöchnerinnen einen Moment zu verlassen, und wir uns von Angesicht zu Angesicht am Ende des dunklen Flures wiederfanden – hatten wir unentwegt Segen ausgetauscht, Glückwünsche, Sprüche, Sätze unserer Weisen selig, und ein wenig über unser Leben geplaudert. Er hatte mir anvertraut, daß alle sieben Töchter von seiner jetzigen Frau stammten. Der dritten. Mit der ersten hatte er fünf Jahre zusammengelebt, mit der zweiten etwas weniger, und zwischen der ersten und der zweiten waren fünf Jahre vergangen, und eine doppelt so lange Zeit war vonnöten gewesen, bis er sein Glück bei der dritten gefunden hatte. Und dann, erst dann, hatte er der ganzen Gemeinde beweisen können, daß man ihm Unrecht getan hatte. Seine beiden früheren Frauen waren flach wie ein Brett gewesen, und es gab nichts, woran er sich hätte festkrallen können, weder bei der einen noch bei der anderen, und trotzdem hatten beide behauptet, er sei kein Mann.

Jetzt zog ich einen Geldschein aus der Tasche und wedelte damit vor seinen Augen herum. Ich wollte ihm zeigen, daß ich gekommen war, um einen schwarzen Hut bei ihm zu kaufen. Doch Reuven Zaynwirt schloß die Tür ab, ließ den Laden herunter und forderte mich auf zu verschwinden.

»Gehen Sie! Gehen Sie!« sagte er und begleitete seine Worte mit knappen Gesten und fegte mit den Augen den Schein in meiner Hand beiseite. Er wollte nicht mit mir gesehen werden, wenn sie kamen, um das Faß für das Festmahl in der Synagoge abzuholen. Sie konnten jeden Moment hier sein. Womöglich wartete man schon in der Synagoge auf ihn.

»Eine Verleumdung«, hatte er mir damals auf dem kühlen Flur des Krankenhauses gesagt. Die Nachbarn hatten seinen beiden ersten Frauen geglaubt und nicht auf ihn gehört. Neun Jahre lang war er geächtet worden wie ein Aussätziger. Doch in den letzten Jahren hatte er ihnen mit jeder neuen Geburt bewiesen, was für ein schreckliches Unrecht man ihm angetan hatte. Und nun würde er den doppelten Beweis antreten. Er hatte die Hände erhoben, als dirigiere er ein Orchester, und gerufen: »Zwillinge!« Und mit leiser, aber fester Stimme hatte er hinzugefügt, daß nun auch der letzte zu dem Fest kommen, essen, trinken und vor Neid platzen würde.

Reuven Zaynwirt ging zu dem Weinfaß, zog mit seinem schwarzen Gürtel den Mantel unter sei-

nem Bauch zusammen, und beide, er und sein Faß, standen wie Zwillinge in dem gelblichen Licht der untergehenden Sonne und warteten, daß man sie zur Synagoge abholte. Aber niemand ließ sich blicken. Zwei Männer in Schwarz tuschelten mit dem Rücken zu uns oben in einem steilen Treppenhaus. Ein Kind wühlte im Mülleimer, zog einen Lappen heraus, knotete ihn zu einem Ball und schoß ihn weg. Eine Passantin warf mir einen feindseligen Blick zu. Auch Reuven Zaynwirts Feindseligkeit war noch nicht verflogen. Mein rasiertes Gesicht mißfiel ihm. Als ich Anstalten machte zu gehen, wies er auf das Faß und wunderte sich über die Geladenen, die sich verspäteten.
Wenn ich schon da war, könnte ich ihm doch helfen, es zur Synagoge zu rollen.
Wir transportierten das Faß von Hof zu Hof, und der Lärm des rollenden Fasses hallte in der Stille zwischen den Häusern wider. Die schwarzen Männer tuschelten noch immer in dem steilen Treppenhaus. Die feindselige Frau war verschwunden. Auch der Junge mit dem Lumpenball war nicht mehr zu sehen. Und wir rollten und rollten das Faß. Zweimal krochen wir unter Wäsche hindurch, die auf einer zwischen zwei Häusern gespannten Leine hing. Wir schleppten das Faß drei Stufen hoch und stellten es vor die Tür der Synagoge. Wir holten tief Luft und

lächelten erleichtert. Die Sonne stand tiefer, und die Häuser um uns versanken noch tiefer in Schweigen. Zaynwirt hatte sich von dem Lächeln, das wir ausgetauscht hatten, erweichen lassen, und er bat mich, zu bleiben und die zum Essen Geladenen gemeinsam mit ihm zu empfangen. Es würde getrunken und getanzt werden. Das ganze Viertel würde sich im Tanze wiegen.

Und er sollte recht behalten. Seine Familie kam. Seine rundliche Frau hielt, umringt von den fünf rothaarigen Mädchen, in jedem Arm einen Zwilling. Die untergehende Sonne betonte die Farbe ihres Haars, und Tupfen vom gleichen Rot ergossen sich üppig auch über die langen geblümten Kleider der Mädchen. Sie rannten auf den Vater zu, und ihr Lauf verwandelte sich in einen Tanz. Zaynwirt sprang die drei Stufen hinunter, und auch die Häuser um ihn herum konnten sich kaum zurückhalten. Schon auf dem dunklen Flur des Krankenhauses hatte der Hitlmacher mir versichert, daß es sein würde, wie es in der Bibel steht: Die Nachbarn würden »hüpfen wie die Lämmer«, die Häuser »wie die jungen Schafe« (Psalm 114,4).

Von gestopften Strümpfen und tanzenden Bären

Ich traf mich mit ihr in der Linie neun, und aus Angst, ich könne sie nicht wiedererkennen – wir hatten uns sechzig Jahre lang nicht gesehen –, stellte sie sich mir hastig vor: »Chavale, die Strumpfstopferin.«
In Chavales Augen war ich derselbe dreizehnjährige Junge geblieben, der ein Geheimnis für sich behalten konnte. Und sie war für mich noch immer die neunundzwanzigjährige alte Jungfer, die auf der altersschwachen Bank mitten im Hof saß, einen löchrigen Strumpf über ein Glas stülpte und mit der Nadel den Faden hin und her schwang.
Chavales Stopfkünste waren in dem polnischen Stetl berühmt, und auch aus dem Herrenhaus brachte man ihr die kaputten Strümpfe zum Flicken. Mir hatte sie einmal einen Strumpf in Form eines fliegenden Vogels gestopft, und dem Sohn aus dem Herrenhaus, der in Paris studierte, stickte sie einen tanzenden Bären.
Den Tanzbären hatte sie einmal auf dem neuen Markt gesehen, als sie gestopfte Strümpfe auslieferte. Sie hätte ihn gern gestreichelt, aber sie hatte nicht das Geld, das der Zigeuner dafür ver-

Eines Tages, als ich mich neben sie auf die schäbige Bank setzte, sagte Chavale: »Hier ist sie«, und mit feuchten Augen zeigte sie auf etwas, das zwischen ihren Brüsten versteckt war, und vervollständigte ihren Satz:
»Die Ansichtskarte.«
Sogar noch hier im Bus wurden ihre Augen feucht. Sie wußte, daß der Bus quer durch die Stadt fuhr und beide Teile der Universität miteinander verband. Sie wußte auch, daß die Zeiten sich geändert hatten und daß man löchrige Strümpfe nicht mehr stopfte und daß es auf den Märkten keine Tanzbären mehr gab. Sie bat mich, leise zu sprechen, damit uns keiner belauschen konnte.
Die Ansichtskarte, die sie damals zwischen ihren Brüsten hervorgezogen hatte, war nicht von Simon, dem Sohn des Reichen, sondern es war eine Postkarte mit Briefmarke, die für ihn gedacht gewesen war. Sie hatte sie von der Dienerin als Gegenleistung für kostenloses Strümpfestopfen bekommen. Die Dienerin würde das Geld für das Stopfen in die eigene Tasche stekken, solange sie im Herrenhaus angestellt war.
Chavale hatte die Knicke geglättet, denn die Ansichtskarte war ihr gefaltet übergeben worden, und nun mußte lediglich ausradiert werden, was die Frau des Reichen ihrem Sohn geschrieben hatte, und mit deutlicher Handschrift

etwas über einen Tanzbären und einen zweiten Kuß hinzugefügt werden.
Wir waren beide ganz aufgeregt, als ich mich mit einem Radiergummi in der Hand neben sie setzte. Sie zog wieder die Postkarte aus dem Ausschnitt, und ich radierte. Der Radiergummi war aufgebraucht, doch das Geschriebene war geblieben.
Chavale steckte die Postkarte wieder zwischen ihre Brüste. Hin und wieder setzten wir uns zusammen, erwartungsvoll, ob die Tinte sich diesmal löschen ließe. Solange man radiert, sagte sie, ist die Hoffnung auf einen zweiten Kuß nicht verloren. Sie würde ihm auch schreiben, er solle ihr einen bunten Stoff für ein hübsches Kleid schicken, und dann würde sie sich nicht schämen, den Hof zu verlassen und über den neuen Markt zu spazieren. Sie hatte gehört, daß wieder ein Zigeuner ins Stetl kommen sollte.
Hier, in Jerusalem, als wir bemerkten, daß der Bus sich der Endstation näherte, bat mich Chavale, ein wenig mit ihr zu schweigen und über die Dinge nachzudenken, die verschwunden, und die, die nicht verschwunden waren. Und mit ihr um gestopfte Strümpfe und tanzende Bären zu trauern.

Ein weißer Knopf

Meine Geschichten über Jerusalem standen jahrelang im Zeichen eines weißen Knopfes. Mein Vater hatte den Knopf in der Hand gedreht und versucht, ihn in einen Spalt in der Tischplatte zu stecken. Es ist ein Winterabend. Ein kleines Öllämpchen wirft Schatten. Es hat nicht genug Öl zum Brennen und nicht genug Kraft zum Erlöschen.

Mutter bringt mir und meiner fünf Jahre alten Schwester Tee. Der Tee meiner Schwester ist süß. Meiner nicht. Ich will auch süßen Tee. Mutter sagt, ein Zehnjähriger sei schon ein erwachsener Mensch, der unsere Lage verstehe. Vater analysiert unsere Lage. Er schafft es, den weißen Knopf in den Spalt im Tisch zu stecken, und meint, so wie der Knopf in dem Spalt klemme, stecke er in der Armut fest. Selbst wenn er sein Leben lang unter dem Dach der Armut vorwärts krieche, würde es ihm nicht gelingen, sie hinter sich zu lassen. Meine Mutter, meine Schwester und auch ich sind dazu verdammt, mit ihm zu kriechen.

Ich will nichts von dem Kriechen durch die Armut wissen. Ich werfe mich auf den Boden, hämmere mit dem Kopf gegen die Wand und beginne zu plärren. Mutter geht in die kleine

Küche, in der es nicht einmal genug Licht und den Schatten eines Lämpchens gibt, und sie weint im Dunkeln. Vater fragt mich, warum ich das tue. Warum ich Mutter zum Weinen bringe. Er hat mir doch beigebracht, wie man süßen Tee trinkt. Man nehme einen Zuckerwürfel, man schneide ihn in vier Teile, man lege ein Stück unter die Zunge, man drücke dagegen und trinke. Vater kann ein Glas und noch ein Glas und vielleicht sogar noch ein drittes Glas trinken, und am Rand seiner Zunge sind immer noch letzte Zuckerkörner. Bei mir bleibt schon nach drei Schluck kein einziges Körnchen übrig.
Vater sagt, wenn mir der Zucker zu schnell ausgehe, würde er mir einen besseren und sichereren Weg zeigen, um süßen Tee zu trinken. Dafür müsse ich meine Phantasie ein wenig einsetzen. Auch Vater setzt ab und zu seine Phantasie ein, während er sich durch die Armut kämpft. Er stellt sich ein Loch im Dach der Armut vor, steckt den Kopf raus, holt tief Luft und kriecht weiter. An der Armut ändert das nichts, doch für ein, zwei Sekunden kriecht es sich besser.
Er bittet mich, vom Boden aufzustehen und das Glas in die Hand zu nehmen. Ich solle auch ein Stück von einem Zuckerwürfel nehmen.
Und dann sagt er zu mir:
»Leg den Zucker nicht unter die Zunge, leg ihn unter das Glas.«

Er zeigt mir, wie ich mich auf den Zucker konzentrieren und trinken muß. Der Tee wird süß sein, und der Zucker wird für noch ein Glas und noch ein Glas und vielleicht sogar noch ein Glas reichen, und Mutter wird nicht weinen.
In der dunklen Küche hört Mutter auf zu weinen und verkündet, die Welt sei kein Zirkus, und hier erziehe ein Vater seinen Sohn zu einem Hanswurst. Sie weint leise weiter und fragt Vater, was er mit diesen Späßen noch alles zu lösen gedenke. Vater antwortet ihr nicht. Er sagt zu sich selbst, was ihm Kraft gebe, seien nicht die Späße, sondern die Phantasie. Er ermutigt mich, aufzustehen und zu tun, was er mir aufgetragen hat.
Doch an diesem Abend meiner Kindheit ist nicht einmal das Viertel eines Zuckerwürfels im Haus.
»Nichts?« fragt Vater ratlos und wirft einen nachdenklichen Blick auf den weißen Knopf, der in dem Spalt in der Tischplatte steckt. Er zieht ihn heraus, befiehlt mir, ihn unter das Glas zu legen, mich zu konzentrieren und zu trinken. Ganz sicher wird der Tee süß werden, und der weiße Knopf wird ein Glas und noch ein Glas versüßen, und Mutter, Vater hebt die Stimme, Mutter wird lachen.
Mutter taucht aus dem Dunkel der kleinen Küche auf, schüttelt den Kopf und sagt, sie wird

wirklich lachen. Sie wird lachen und nicht mehr aufhören. Aber ein weißer Knopf, meint sie, wird sich nie in süßen Tee verwandeln.
Als Mutter das Öllämpchen nimmt und in die Kammer geht, um meine kleine Schwester zu Bett zu bringen, spricht Vater im Dunkeln mit mir. Er bittet mich, näher zu kommen, und fragt mich, ob ich noch weiß, was Mutter gesagt hat, bevor ich zu weinen begonnen habe: Daß ein Zehnjähriger schon erwachsen sei. Vater meint, Mutter übertreibe da ein bißchen. Ein Zehnjähriger ist noch kein Erwachsener. Aber wenn ich groß bin, sagt er und nimmt meine Hand, wenn ich groß bin, werde ich beides häufig gebrauchen: ein wenig Phantasie und einen weißen Knopf.

Jenseits der Mißtöne

An einem Sommermorgen im Yisrael-Tal, kurz vor Sonnenaufgang, verstand ich, warum mein Vater mir das Singen verboten hatte.

In seiner Jugend hatte mein Vater bei einem Kantor gesungen und davon geträumt, selbst einmal Kantor zu werden. Doch er war Schuster geworden. An den Schabbatabenden pflegte er zu Hause das Fenster zu öffnen und Lobgesänge anzustimmen. Die Gemeindevorsteher würden seine angenehme Stimme hören, sagte er zu Mutter, und ihn vielleicht doch noch zum Kantor berufen. Mit zwei Beschäftigungen, dem Schusterhandwerk und der Arbeit als Kantor, würde es zu Hause an nichts mehr fehlen, und er könnte von sich selbst sagen, er habe sein Glück gemacht. Mutter wischte seine Worte mit einer entschiedenen Geste beiseite. Er vergißt, wo wir wohnen – in einer baufälligen Hütte neben dem Friedhof, und wer, außer der Familie und den Toten, hört schon seinen Gesang. Vaters Hoffnung konzentrierte sich auf einen Punkt jenseits der Toten. Und obwohl die Gemeindevorsteher ausblieben, verzweifelte er nicht und sang und wartete weiter.

Zur Verzweiflung brachten ihn die Mißtöne in

meinem Gesang. Wenn wir Freitag abends um den Tisch saßen, bat Vater mich, nicht in seinen Gesang einzustimmen. Selbst wenn ich meine Stimme zu einem Flüstern senkte, taten ihm meine Mißtöne in den Ohren weh. Ich sollte besser stillsitzen und den Mund halten.

Wie Vater hatte auch ich eine Hoffnung jenseits der Mißtöne. Wenn ich groß war, würde meine Stimme sich verändern, und die falschen Töne würden verschwinden, als wären sie nie gewesen. Aber Vaters Hoffnung, die über die Toten hinauszielte, schaffte es nicht, über meine Disharmonien hinauszuzielen. Er zog an seiner Unterlippe und sagte, auch wenn ich erwachsen wäre, würde er mir nicht erlauben, in seiner Anwesenheit ein Lied anzustimmen, und riet mir, es auch in seiner Abwesenheit zu unterlassen.

Als ich sechzehn war, schickte man mich allein nach Australien, um Arbeit zu suchen, Geld zu verdienen und die ganze Familie nachzuholen. Vater erinnerte mich daran, ich solle mich auch jenseits des Ozeans an sein Singverbot halten.

Kurz nachdem ich Australien erreicht hatte, brach der Zweite Weltkrieg aus. Meine ganze Familie wurde umgebracht, und ich habe nie wieder gesungen.

Auch nicht, als ich nach Israel kam und im Kibbuz Gvat die Schafe hütete und hier und da Gelegenheit gehabt hätte, ein wenig zu singen.

Zum Beispiel als ich einmal sah, wie mein Esel sich gegen Ende des Sommers an einer trockenen Distel die Nüstern kratzte. Oder als ich zu Beginn des Frühlings ein junges Schaf sah, das die Nachgeburt verschlang und die Zwillinge leckte, die es soeben geboren hatte. Vater war nicht mehr unter den Lebenden und konnte mich nicht mehr zum Schweigen verurteilen, aber ich sang nicht.
Nur einmal, als er noch am Leben war, hatte ich in seinem Beisein doch gesungen.
Es war an Purim gewesen. Ich war mitten in der Nacht nach Hause gekommen, und mein Vater hatte keine Eile gehabt, mir die Tür zu öffnen. Zunächst wollte er wissen, wo ich gesteckt hatte. Ich sagte zu ihm, ich hätte mir ein Theaterstück angesehen. Es gab kein Theater in unserem Stetl. Auch fahrende Schauspieler verirrten sich nicht zu uns. Die Gemeindevorsteher erlaubten es nicht. Aber sie selbst hatten zusammen mit dem Leiter der Jeschiva und den Talmudschülern für Purim den *Verkauf Josephs* einstudiert.
Ich hatte kein Geld, um mir eine Karte zu kaufen, und hatte vor der Hintertür des Saals angestanden, um einen Blick durch das Schlüsselloch auf die Bühne zu werfen. Bei der ersten Aufführung war die Schlange vor dem Schlüsselloch sehr lang gewesen, und die Vorstellung war zu Ende, bevor ich in den Genuß gekom-

men war, einmal durch das Loch zu sehen. Bei der zweiten und letzten Aufführung hatten weniger gewartet. Doch auch dann kam ich erst nach Ende der Vorstellung an die Reihe, aber die Schauspieler waren noch auf der Bühne, und sie sangen und tanzten das *Schoschanat Ja'akov.*

»Ich habe eine Theatervorstellung gesehen«, rief ich Vater durch die verschlossene Haustür zu. Ich stand in der Kälte, in der Dunkelheit, im Schatten der Toten des Friedhofs. Und um ihnen zu entgehen, stimmte ich das *Schoschanat Ja'akov* an, wie es die Talmudschüler auf der Bühne getan hatten. Vater kam zur Tür gerannt. Er war nicht böse. Er sagte nur leise, ich solle nicht singen, auch nicht im Beisein der Toten.

Am letzten Purimfeiertag hier in Jerusalem ging ich durch den Stadtteil Kerem Avraham und lud Vater zu einem kurzen Spaziergang mit mir ein. Wir schlenderten durch die Straßen der Propheten, Yo'el und Chagai, Tsfania, Amos und Mal'achi. Wir trafen ein paar Ahasveros', Hamanssöhne, Haman persönlich, Mordechai in blauem königlichem Gewand und viele als Esther verkleidete Mädchen. In der Yona HaNavi-Straße hörten wir durch das geöffnete Fenster das *Schoschanat Ja'akov.* Das Feiern in den Straßen der biblischen Propheten hatte die

Traurigkeit aufbrechen lassen. Auch in mir klaffte ein Purimriß, und ich kehrte zurück zu jenem Sommermorgen im Yisrael-Tal vor Sonnenaufgang. Die Schafe liefen auf der Weide auseinander, fraßen Grashalme und vom Tau feuchtes Getreide. Im Osten hüllte der Tabor sich in Nebel und wurde durchsichtig. Der Esel trottete an meiner Seite, und ich fütterte ihn mit Brotscheiben, die ich aus den Satteltaschen auf seinem Rücken nahm. Er würde mir nicht weglaufen, denn er würde sein Futter wollen. Ich hängte den Rucksack mit meinem Essen um seinen Hals und sagte mir mit Vaters Stimme, daß ich mein Glück gemacht hatte. Der Tabor befreite sich von seiner durchsichtigen Robe, die nun zusammengefaltet zu seinen Füßen lag. Der Esel richtete die Ohren auf und lauschte einem Traktor weit weg im Süden. Vaters Stimme fuhr fort: Es gibt eine Hoffnung jenseits der Toten, es gibt keine Hoffnung jenseits der Mißtöne.

Der Blinde

Nicht um auszuruhen, setzte ich mich auf die Bank, und auch nicht, um auf den Bus zu warten, sondern um mir einen Moment lang den Blinden und seine Koteletten, spitz wie Dolche, aus der Nähe anzusehen. Mit einem schwarzen Rollkragenpullover bekleidet, saß er in der sengenden Hitze an der Haltestelle in der Jaffa-Straße. Auf der Kunststoffbank war Platz für drei Personen, und der Blinde saß in der Mitte. Als ich mich rechts von ihm hinsetzte, hielt ein Bus, und der Fahrer rief die Route aus. Schon bevor er hielt, hatte der Fahrer die dunkle Brille des Mannes und seinen Stock bemerkt, und als er die Tür öffnete, rief er dem Blinden zu:

»Linie siebenundzwanzig!«

Der Mann reagierte nicht. Er blieb in sich versunken. Er döste. Seine Koteletten sahen von nahem noch spitzer aus.

Ich habe mich einmal um einen blinden alten Mann gekümmert, der sich ähnliche Koteletten wachsen ließ. Er befühlte sie nach dem Rasieren und war selig, wenn er sie unbeschadet wiederfand. Rudolf war sein Name.

Noch ein Bus hielt, und auch diesmal rief der Fahrer seine Linie aus. Sechsunddreißig. Niemand stieg ein, und niemand stieg aus. Ich sah, wie der Fahrer den Hals zur offenen Tür reckte und zögernd darauf wartete, daß der Blinde ihn vielleicht hörte und aus seinem Nickerchen erwachte. Dann schloß sich die Tür, und der Bus fuhr an, hüllte uns in seine warmen Auspuffgase, doch der blinde Mann reagierte nicht. Vielleicht litt er an Depressionen.

Auch Rudolf hatte depressive Momente. Dann saß er in sich gekehrt und schweigend im Aufenthaltsraum des Altersheims, in dem er wohnte. Auch andere Heimbewohner verbrachten die meiste Zeit des Tages in diesem Aufenthaltsraum. Sobald einer von ihnen mich entdeckte und Rudolf Bescheid sagte, brach dieser in Gelächter aus. Er hatte eine junge Stimme, und auch sein Lachen war jugendlich.

Ich stand kurz von der Bank auf und ging zur Tafel mit den Fahrplänen, um die Linien zu zählen, die an dieser Haltestelle hielten. Nachdem der Blinde auch den dritten Bus, die Einundvierzig, nicht genommen hatte, wußte ich, daß ich mich nicht mehr vom Fleck rühren würde, bis alle Linien vorbeigefahren waren: die Elf, die Fünfundzwanzig, die Achtundvierzig, die Hunderteinundsiebzig, die Hundertdreiundsiebzig, die Hundertvierundsiebzig, die Hundertfünfundsiebzig.

Jetzt warf ich auch einen Blick auf die junge

Frau, die sich links von dem Blinden gesetzt hatte und die nur aus Hals und Beinen zu bestehen schien: Sie trug eine weit geöffnete Bluse und einen freizügigen Minirock. Ein einziger Blick genügte mir nicht. Aber als ich an meinen Platz zurückgekehrt war und ein vierter Bus vorbeifuhr, ohne daß der Blinde sich bewegte, und ich die junge Frau abermals ansah, stellte ich fest, daß ich nicht der einzige Gaffer war. Auch der Blinde beäugte sie. Durch den Spalt zwischen dem dunklen Glas und seinen Wangenknochen fand sein linkes Auge einen Freiraum, in dem es hüpfen und springen konnte. Von meinem Blickwinkel aus schien der Mann die Nachrichten in einer Zeitung zu studieren. Nur die Schlagzeilen. Eine auf der Vorderseite, eine auf der Rückseite, und dazwischen ein Pfeil, der das Auge nach unten, zu einer Nachricht am unteren Rand der Seite zog.
Ich tippte ihn an und fragte ihn, ob er auf einen Bus warte. Er antwortete nicht, und nur seine spitzen Koteletten setzten ihre Einschüchterungsversuche fort.
Wenn Rudolf seine Finger über die Koteletten hatte gleiten lassen und sie für gut genug hielt, um damit einen Gang durch die Stadt zu machen, lachte er johlend und brachte die übrigen Heimbewohner zum Lächeln. Einmal erzählte mir eine Frau, wie weit Rudolfs Lachen reichte.

Von Rudolf übertrug es sich auf den Buckligen, von dem Buckligen auf ihren schwermütigen Ehemann, von dort auf sie, bis auch sie zu lächeln begann.

Ein weiterer Bus kam, in dem die junge Frau verschwand. Ich hielt mich an den Blinden und erzählte ihm, was mir die Frau in dem Altersheim, die sich vom Lächeln ihres Ehemanns anstecken ließ, anvertraut hatte: Daß sie die Vierte in der Reihe war, die ich zum Lächeln brachte.

Der Blinde ließ den Stock von einer Hand in die andere wandern, schob seine dunkle Brille in die Stirn und zeigte mir eine Karte, die er aus einer kleinen Tasche des Pullovers zog. Ich sollte lesen, was darauf geschrieben stand: »Klassischer Schauspieler. Philosoph. Odessa. Ukraine.«

Er fragte mich, ob ich die Thora studiert hätte und ob ich noch wüßte, was Gott zu unserem Vater Abraham gesagt hat. Seine Augen begannen zu funkeln, und seine Koteletten stellten die Bedrohung ein.

»›Geh!‹ hat er gesagt«, gab ich ihm zur Antwort.

Er hob die rechte Hand, zeigte mit einem Finger in Richtung des Clal-Gebäudes, irgendwo beim Machane Yehuda-Markt.

Ich stand auf und streckte mich, und während ich mich fragte, welche Richtung ich einschlagen sollte, nahm eine neue junge Frau meinen Platz auf der Plastikbank ein, und als die Hundertdreiundsiebzig weiterfuhr und die junge Frau auf der Bank sitzen blieb, wischte der Blinde sich eine Träne weg, brachte Stock, Brille und Karte, jedes Requisit, wieder an seinen Platz, warf mir ein fünftes Lächeln zu und begann, sich mit den neuen Schlagzeilen zu beschäftigen, diesmal zu seiner Rechten.

Kurz und bündig

Die Frau in Schwarz, die in der Reihe hinter dem Fahrer im Bus Nummer achtzehn neben mir saß, hätte sicher nicht gedacht, daß ich während der Fahrt ihre Stimme hören und ihren Namen erfahren würde und daß sie mir freiwillig in knappen Worten eine lange Geschichte erzählen würde. Als ich in Kiryat Ha-Yovel in den Bus stieg, schien sie ganz und gar nicht glücklich, daß ich mich neben ihr niederließ. Ihre Bewegungen waren fahrig. Sie schob ihre Einkaufstasche von ihrem Schoß zur Fensterseite und zog kurzerhand eine imaginäre Grenze zwischen uns. Es sollte bloß nicht ein Ärmel einen anderen Ärmel berühren und eine Hose ihren langen Rock. Ein goldener Fußnagel lugte aus der mir benachbarten Sandale hervor.

Ich nahm das Urteil an, und nur aus purer Trägheit suchte ich mir keinen anderen Sitzplatz. An der nächsten Haltestelle war es zu spät, die Meinung zu ändern. Der Bus füllte sich mit Fahrgästen, die sich im Gang und sogar auf den Trittbrettern drängelten. Eine Soldatin hatte die Aufforderung des Fahrers, vor der sich schließenden Tür zurückzubleiben, ignoriert. Sie hatte sich im letzten Moment in den Bus gezwängt, doch ihre Handtasche war draußen geblieben. Sie wehte nun im Wind und schlug gegen die Scheibe in der Tür. Die Fahrgäste, die dicht bei der jungen Soldatin standen, nahmen regen Anteil an ihrer Not. Der Fahrer solle doch die Tür wieder öffnen. Ein langer junger Mann mit Pferdeschwanz, der sich ebenfalls im letzten Moment in den Bus gedrängt hatte, lobte den Fahrer wiederum, daß er sich nicht darauf einließ. Seiner Meinung nach war es an der Zeit, daß die Bürger dieses Landes, inklusive der Soldatinnen, lernten, sich an die Regeln zu halten.

Die Frau neben mir mischte sich nicht ein. Fast erstarrt, reagierte sie auch dann nicht, als die Tür sich einen Spalt öffnete und die Tasche geborgen wurde. Sie zeigte ebenfalls keine Reaktion, als der Mann mit dem Pferdeschwanz den Fahrer nicht mehr lobte, sondern anfing, ihn zu kritisieren. Ein Motorrad schnitt dem Bus den Weg ab, so daß er heftig bremsen mußte. Die Stehenden fielen übereinander. Auch die Sitzenden wurden durchgeschüttelt, und der Lange handelte sich einen Schlag am Kopf ein. Jetzt war er nicht nur auf den Fahrer sauer, sondern auf den ganzen Staat. Sein Zorn dauerte ein paar Haltestellen lang und legte sich auch nicht, als der Bus an der Kreuzung Agron/Shlomtsiyon Ha-Malka hielt. Durch die Windschutzscheibe

sahen wir ein großes Schild, das auf ein geplantes Viertel hinwies: die Davidstadt.
Die ganze Zeit über zeigte die Frau neben mir keine Regung. Sie hielt an ihrem eisigen Schweigen und der imaginären Grenze zwischen uns fest, obwohl auch diese eine Erschütterung erlitten hatte. Ihr Schweigen rührte mich. Als ich gerade beschlossen hatte, ihm zu lauschen, erwachte die Frau wie bei einer Notbremsung und rief in Richtung des zweiten Busses, der neben uns an der Ampel stand:
»Alisa! Alisa! Warum warst du nicht bei der Beerdigung?«
Alisa saß auf dem Sitz bei der vorderen Tür, und ihr Fenster verlief parallel zu unserem. Die Außenspiegel der Busse berührten sich fast. Die Soldatin war längst im hinteren Teil des Busses verschwunden, doch der lange junge Mann, der neben dem Busfahrer stehengeblieben war, beugte sich vor, neugierig, wer diese Alisa war, die sich bei der Beerdigung nicht hatte blicken lassen. Ein Ohrring in Form eines Turms hing von ihrem rechten Ohrläppchen ihren Hals hinab und funkelte in unserem Rückspiegel.
»Karmela?! Karmela?! Wie war es?« Alisas Stimme übertönte den Lärm der Kreuzung. Ihre Finger spielten mit dem Turm, während sie das Ohr zum Fenster neigte, um Näheres zu erfahren, solange die Ampel rot war.

Auch ich spitzte die Ohren. Die rote Ampel leuchtete bedrohlich, doch ich hegte keinerlei Zweifel, daß Karmela siegen und uns alles erzählen würde. Ich habe einmal die Bekanntschaft eines kleinen Mannes gemacht, der mir zwischen Rot und Grün sein ganzes Leben erzählt hat. Doch diesmal sollte ich mich irren. Vergeblich war in Karmela die Leidenschaft entfacht worden, Alisa Bericht zu erstatten. Als sie ein Bein über das andere schlug, die Tasche zurechtrückte und ihr Gesicht dem Fenster zuwandte, sprang die Ampel um, und der zweite Bus zog an uns vorbei.
Als auch unser Bus sich in Bewegung setzte, erinnerte Karmela sich wieder an mich und musterte mich aus dem Augenwinkel. Lohnte es sich, mir zu erzählen, was Alisa hatte wissen wollen? Außer mir stand niemand zur Verfügung. Auch der Lange war nach hinten verschwunden.
Alisa war weg, doch der leidenschaftliche Wunsch zu erzählen war geblieben, und die Geschichte somit nicht verloren. Sie würde loslegen. Auch die Zeit war ihr gewogen. Keine drohende Ampel vor uns, und der Weg war noch lang. Vor uns die König-David-Straße, der Glokkengarten, Emek Refa'im. Als sie hinter uns verschwunden waren, knüpfte ich große Hoffnungen an die Hebron-Straße. Aber noch bevor

das Restaurant Kleopatra in der Ein-Gedi-Straße vor uns auftauchte, drückte Karmela auf den Halteknopf.
Ein Ärmel streifte einen Ärmel, eine Hose berührte einen Rock, und meine Hoffnungen schwanden dahin. Ich stand auf, um ihr Platz zu machen, voller Trauer um die verschwundene Alisa und die verlorene Geschichte. Karmela wartete, daß die Tür sich öffnete, und bevor sie die Stufen hinabstieg, sah sie mich an, der goldene Fußnagel funkelte in ihren Augen, und mit sieben ruhigen Worten beschrieb sie die Beerdigung, an der Alisa nicht teilgenommen hatte:
»Es war nicht wie bei seiner Hochzeit.«

Spiegelbilder

In der Scheibe der Bushaltestelle in der Yesha'ayahu Ha-Navi-Straße, gegenüber dem früheren Edison-Kino, ertappte ich mein Spiegelbild dabei, wie es eine schöne Frau ansah, die an der Haltestelle auf die Neun wartete. Ich hatte gar nicht gewußt, daß ich so große Ohren habe. Ich zuckte mit den Achseln und schloß mein schielendes Auge vor dem Spiegelbild der großen Frau, aus Angst, ich könnte die Beherrschung verlieren und ihr ins Gesicht sagen, wie schön ich sie fand.

Schon vorher hatte ich ihr heimlich zugesehen, wie sie sich über das Baby in dem Wagen beugte und ihm Koseworte zusäuselte:

»Mein Söhnchen«, hatte sie es genannt.

Ich kehrte der Scheibe den Rücken zu, um beide Spiegelbilder aus meinem Gesichtsfeld zu verbannen, und schaute über die Straße auf das Edison-Kino, das in früheren Tagen auch als Theater gedient hatte und nun öde und verlassen dastand. Die drei Tore waren mit Holzbalken verrammelt. Die meisten Scheiben waren zerbrochen. In einem Fenster hing noch ein Filmplakat. Eine lächelnde Schauspielerin mit bloßen Beinen. Die Frau neben mir trug einen langen Rock, der bis über die Knöchel reichte.

Ohne ihr Spiegelbild noch einmal anzusehen, murmelte ich mir selbst zu, daß ihre Schönheit in nichts der eines Hollywoodstars nachstand. Doch ich würde es ihr nicht sagen, weil ich schon einmal ein Kompliment gemacht hatte und gescheitert war. Ich war zu Fuß vier Stockwerke hinaufgestiegen und hatte an die Tür einer berühmten Dichterin geklopft, um ihr mein Lob auszusprechen. Sie hatte mich hereingebeten und zu meiner Schande nach drei Minuten wieder hinausgeworfen. Ich hatte sie nicht genug gelobt.

Ich ging kein weiteres Risiko ein und verließ die Haltestelle, damit ich nicht in Versuchung kam. Ich machte ein paar Schritte in Richtung Schabbat-Platz und reckte den Hals. Vielleicht würde ich einen Bus sehen, und wenn es die Fünfzehn war, würde ich einsteigen und losfahren und mich der Gedanken um die beiden Schönheiten entledigen.

Sie hatte mich schon beschäftigt, als sie zur Haltestelle kam. Sie war stehengeblieben und wollte wissen, ob die Neun schon weg war. Sie hatte es eilig, wollte zu einer Familienfeier im Belgienhaus auf dem Campus der Universität in Giv'at Ram. Im Grunde sprach sie zu sich selbst und mit dem Baby im Wagen, und ich schnappte ihre Worte auf und ließ mich, ohne es zu wollen, von ihrer Anspannung und ihrer Eile anstecken.

Jetzt kehrte ich zur Haltestelle zurück, schüttelte den Kopf und sagte, weit und breit sei kein Bus zu sehen. Ich wollte nicht, daß sie zu spät kam zu ihrer weitverzweigten Familie. Verwandte und die Kinder von Verwandten, die von weit her gekommen waren, von den Jerusalemern gar nicht zu sprechen.
»Generationen«, erläuterte sie und wollte wissen, ob ich ebenfalls aus Jerusalem stammte.
»Ich lebe seit knapp zwölf Jahren hier«, antwortete ich.
Ihr hübsches Gesicht erstarrte für einen Moment, und sie ließ den Blick von mir zu meinem Spiegelbild in der Scheibe wandern. Ich folgte ihrem Blick, und wieder befremdeten mich meine großen Ohren.
»Die Neun«, rief ich ihr erfreut zu. Ich half ihr, den Kinderwagen in die Hintertür zu heben, und bevor es mir gelang, wieder auszusteigen, um auf die Fünfzehn zu warten, schloß die Tür sich hinter mir, der Bus setzte sich in Bewegung, und wir beide blieben von Angesicht zu Angesicht stehen, tauschten ein Lächeln aus, das langsam erstarb. Bevor es gänzlich erloschen war, sagte ich zu ihr, wie schön ich sie fand:
»Schön wie eine schwedische Filmschauspielerin!«
»Noch schöner«, antwortete sie und schloß mit

dem Fuß die Bremse des Kinderwagens. Sie ließ mir keine Zeit, mich zu wundern. Sie hob eine Hand, machte eine Bewegung und sagte:
»Achte Generation Jerusalem!«
Wieder war ich mit meinem Kompliment gescheitert, und mir blieb keine andere Wahl, als mich zu ducken und zu flüstern, daß auch ich nicht ganz neu sei auf der Welt. Und wo waren meine Generationen, die ich vorweisen könnte? An der Miene ihres hübschen Gesichts wurde deutlich, daß ein jenseits der Grenzen Jerusalems Geborener keine Generationen vorzuweisen hat. Ich suchte mein Spiegelbild in den Scheiben des Busses. Vergeblich.
»Woher kommt mir Hilfe?« (121,1) murmelte ich die Worte aus einem Psalm.
Sie neigte sich ein wenig zu mir und verriet mir, ebendiese Worte seien lange nicht von ihren Lippen gewichen. Sie war nicht schwanger geworden, und als sie die Hoffnung aufgegeben hatte, fuhr sie ins Ausland und adoptierte dort ein Kind. Ich sollte in den Wagen schauen und sehen, wie sehr es ihr ähnelte. Es gelang mir nicht mehr, einen Blick in den Wagen zu werfen, denn der Bus hielt, und ich stieg aus, um eine Haltestelle der Fünfzehn zu suchen. Die Frau holte eilig das Baby aus dem Kinderwagen, hob es hoch, damit ich es durch die Scheibe der geschlossenen Tür sehen konnte, und

bevor der Bus sich in Bewegung setzte, rief sie mir zu:
»Und jetzt ist er die neunte Generation in Jerusalem!«

Es wird geheiratet

In der Zweiunddreißig rief mir ein Junggeselle aus Moskau, ein früherer Nachbar im Gilo-Viertel, zu:
»Es wird geheiratet!«
Er saß weit hinter mir. Schon im Zentrum hatte er gesehen, wie ich in den Bus stieg und in der Nähe des Fahrers Platz nahm. Jetzt, als der Bus sich zu leeren begann, bahnte er sich einen Weg durch die restlichen stehenden Fahrgäste und wollte wissen, ob ich die Einladung zu seiner Hochzeit erhalten hätte. Der Busfahrer warf ihm einen müden Blick zu, schob die Kipa auf seinem Kopf zurecht und fuhr weiter. Ich rückte ans Fenster, um ihm neben mir Platz zu machen, damit er mir noch ein paar Einzelheiten erzählen konnte, denn wir hatten uns nie mehr gesehen, seit ich vor mehr als drei Jahren umgezogen war. Damals hatte er behauptet, solange er in diesem Viertel wohne, würde er keine Frau finden. Wegen der Nachbarschaft. Welche anständige Frau wäre bereit, hierher zu ihm zu ziehen, pflegte er mich zu fragen.
Er setzte sich nicht. Der Bus näherte sich ohnehin der Endstation, und er schlug vor, wenn ihm schon das Glück beschieden sei, mich zu treffen, solle ich ihn doch begleiten, um mir

die Veränderungen in seiner Wohnung anzusehen.
Wir wohnten damals Tür an Tür und trafen uns im Treppenhaus und bei den Mülltonnen im Hof. Oder auch in seiner Wohnung – wenn er wieder einmal ein neues Schmuckstück angeschafft hatte. Er putzte das Haus für eine anständige Frau heraus: ein Moskauer Schrank, eine Kombination aus Holz und Glas, dessen Glanz dem großen, gegenüberhängenden Spiegel in nichts nachstand. Im Schrank: Kristall. Langstielige Weingläser. Fußlose Gläser für Wodka. Eine nackte Hollywoodschönheit besetzte eine halbe Wand, und die übrige Hälfte belegte er selbst, ebenfalls nackt, in der Position des David aus Florenz. Aber welch eine junge Frau wäre bereit, ihn zu nehmen und in einen Stadtteil zu ziehen, dessen Bewohner früher in Höhlen gehaust hatten? In Moskau hatte man nichts von ihnen gehört. Wer wußte überhaupt von ihrer Existenz? Und hier war er von ihnen umzingelt, und sie benahmen sich in Jerusalem weiterhin wie Höhlenmenschen.
Er pflegte in der Fußgängerzone zu sitzen und Kaffee zu trinken, den jungen Mädchen nachzusehen und zu registrieren, welche nach seinem Geschmack waren. Er wußte, was er wert war. Eine Akademikerin, 1,70 groß.
Einmal, als wir bei ihm Kaffee tranken und er

bemerkte, wie ich aus den Augenwinkeln auf den großen Spiegel und die drei sich darin spiegelnden Städte – Moskau, Florenz und Hollywood – sah, schüttelte er den Kopf und sagte, ich solle an seine Worte denken. Eine junge Frau aus der Fußgängerzone würde sich nicht zu den drei Städten im Spiegel gesellen. Aber er war ein Mann mit Prinzipien, und deshalb blieb ihm nichts anderes übrig, als für immer Junggeselle zu bleiben.

Jetzt, als wir aus dem Bus gestiegen waren und auf sein Haus zugingen, mußte ich zugeben, daß es ihm etwas gebracht hatte, an seinen Prinzipien festzuhalten. Er hatte sein Ziel erreicht – er hatte eine Frau nach seinem Gusto gefunden. Das kleine Zentrum des Stadtteils hatte sich kaum verändert. Die Lebensmittelhändlerin hatte einen Tisch und drei Stühle vor ihren Laden gestellt und ein Schild darüber aufgehängt: »Bistro«. Die Schusterwerkstatt war zu einem Blumengeschäft geworden, über dem noch immer stand: »Aharon Soloveitchik – Schuster«. Drei Männer mit Schirmmützen spielten auf einem Rasenstück im Stehen Karten. Mein Name prangte noch verblichen auf dem Briefkasten im Flur.

Wir eilten in den dritten Stock. Er kochte in der Küche Kaffee, und ich sah mich in seiner Wohnung um. Die Nackten aus Hollywood und Flo-

renz waren verschwunden. Ihren Platz hatten gerahmte Bilder eingenommen, die sich in dem großen Spiegel spiegelten. Rote und gelbe Flekke. Im Nebel versunkene Berge. Höhlen und dazwischen Wege. Menschen, klein wie Vögel.
»Alle von ihr«, sagte er zu mir.
Wir tranken Kaffee. Er erzählte mir, daß sie die Landschaft malte, in der sie geboren und aufgewachsen war.
Nachdem wir uns verabschiedet hatten, kratzte ich meinen Namen vom Briefkasten im Flur, und als ich an die Haltestelle kam, wartete dort derselbe Fahrer, der uns hergebracht hatte. Er hatte inzwischen eine komplette Runde gedreht. Als er mich einsteigen sah, warf er mir einen vielsagenden Blick zu, rückte die Kipa auf seinem Kopf zurecht, fragte und gab sich selbst die Antwort:
»Wird geheiratet? –
Es wird geheiratet.«

Porträt einer Warteschlange

Ich verließ das Haus, um unter Menschen zu sein. Ich gesellte mich zu der Warteschlange in der Jaffa-Straße in der Nähe des Machane Yehuda-Marktes. Die hübsche Frau, die sich hinter mich stellte, atmete erleichtert auf, weil sie den Bus nicht verpaßt hatte. Gott sei Dank! Auch der Bus hatte Verspätung. Sie wühlte in den Einkaufstaschen zu ihren Füßen und wollte die genaue Uhrzeit wissen. Ich schob meinen Ärmel nach hinten, zeigte ihr meine Armbanduhr und verfolgte weiterhin das Gespräch der beiden Männer, die vor mir standen und sich über das Essen und den Tod unterhielten. Der Größere von ihnen sagte, die drei üppigen Mahlzeiten, die er täglich zu sich nehme, seien sein Tod. Und sein Gesprächspartner fragte: »Wieso?«

Ich zog meinen Ärmel zurück, sah die hübsche Frau an, die sich immer noch freute, und ließ mich von ihrer Freude anstecken, obwohl ich nicht auf den Bus wartete und auch nicht die Absicht hatte, ihn zu nehmen. Im Gegenteil. Ich hoffte, er würde sich weiter verspäten, damit ich erfuhr, warum der schätzungsweise fünfzigjährige große, dicke Mann mit Glatze nicht mehr lange zu leben hatte. Vor fünf Jahren, sagte er, habe es anders ausgesehen. Damals schuftete er wie ein Esel, aß wie ein Spatz und war gesund wie ein Stier. Die Probleme begannen, als er die Arbeitsstelle wechselte. Das Glück war ihm hold gewesen. Er hatte eine Stelle in einem amerikanischen Unternehmen gefunden, und das Glück bedeutete nun auch sein bitteres Ende.

»Wieso?« fragte sein kurzgewachsener Gesprächspartner wieder gleichgültig, während ich einen eiligen Blick auf die Straße warf und erleichtert aufatmete. Gott sei Dank. Der Bus, der kam, war nicht unsere Linie. Er fuhr vorbei, ohne anzuhalten.

Bei der hübschen Frau jedoch begannen sich erste Zeichen der Enttäuschung bemerkbar zu machen, und sie wollte nochmals die genaue Uhrzeit wissen. »Die Achtzehn ist die schlimmste Linie der ganzen Stadt.« Sie wußte, wovon sie sprach. Sie blickte auf eine zehnjährige persönliche Erfahrung zurück. Sie fuhr Tag für Tag mit diesem Bus. Ich fragte sie, ob sie auch andere Linien nehme, und sie antwortete verdrießlich:

»Wieso sollte ich?«

Sie schob die Taschen zu ihren Füßen zurecht, zückte einen rotlackierten Fingernagel und verkündete, auf dieser Linie gebe es einen Fahrer, der sich noch mehr verspäte als die übrigen. Sie wollte auch sonst noch ein paar Vorwürfe loswerden:

»Was für ein Land!«
Zu der Freude, die ich von der hübschen Frau, und der Neugier, die ich von dem kurzgeratenen Gesprächspartner übernommen hatte, gesellte sich mein Interesse an dem verspäteten Fahrer. Aber die Frau schwieg, und ich war ganz Ohr für die klare Stimme des dicken Kahlen. Trotz des ununterbrochenen Lärms auf der Straße und dem Markt entging mir kein einziges Wort. Der Mann erzählte, die Amerikaner verstünden zu essen, und die drei Mahlzeiten am Tag in der Kantine seien ausgezeichnet und fleischlastig. Der Arzt warnte ihn immer wieder, er solle sich dieses verfluchte Essen verkneifen.
»Wieso?« fragte der Kleine. Seine Stimme war trotz des Geknatters, mit dem der Gelenkbus der Linie achtzehn hielt, deutlich zu vernehmen. Drei Türen wurden aufgerissen. Die hübsche Frau klaubte eilig die Taschen um ihre Füße herum auf. Der Bus war zwar da, aber ihre Freude war längst verflogen und hatte wachsender Wut Platz gemacht. Sie würde es dem verspäteten Fahrer zeigen. Sollte die ganze Welt erfahren, in welch einem Land wir leben. Entschlossen, sich in den Bus zu drängen, preschte sie vor und überholte die beiden über das Essen und den Tod plaudernden Männer. Dennoch befürchtete ich, die Antwort des Todgeweihten zu versäumen.

Als die Schöne schon im Bus war, fiel eine ihrer Einkaufstaschen um, und ein junger Mann half ihr, die herausquellenden Orangen aufzusammeln. Diesen Augenblick nutzte der Dicke, um seinem kleinen Gesprächspartner zu erklären, warum er nicht auf seinen Arzt hörte und der Versuchung nicht widerstehen konnte. Er legte ihm die Hände auf die Schultern und brüllte ihm ins Gesicht:

»Sie geben einem das Essen umsonst, Mann. Alles gratis!«

Die drei Türen schlossen sich. Der Bus setzte sich in Bewegung. Die Wartenden waren verschwunden. Ich blieb allein zurück, lehnte mich gegen einen Strommast und wartete auf die nächste Schlange.

Das Mimunafest

Beim Mimunafest im Sacher-Park gab es was zu sehen. Ein sechzehnjähriges Mädchen und einen Schmuckhändler. Das Mädchen hatte eine Kette um den Hals, und der Schmuckhändler hielt ihr einen kleinen Spiegel vor, damit sie sich sah, und lächelte. Es fehlten drei Finger an seiner rechten Hand, und er mußte den Spiegel mit den restlichen beiden Fingern halten, wie die Scheren einer Zange. Das Mädchen lächelte nicht.

Ich stieg auf einen Steinquader und sah mich um. Vielleicht würde ich unter den Feiernden Yaron, den Fotografen, entdecken, damit er ein Foto von ihr machte. Er sollte die Ware des Händlers aufnehmen, wie sie golden auf einem Tablett funkelte, das er vor seinem Bauch trug. Und die aus schwarzem Holz geschnitzte Schlange, auf die dünne Ketten in Bündeln gefädelt waren.

Das junge Mädchen nahm die Kette ab, und der Händler reichte ihr eine andere, die er von der Schlange zog. Sie legte sie um ihren Hals, sah in den Spiegel, den er ihr vors Gesicht hielt, und lächelte nicht.

Zwischen den Feiernden konnte ich den Fotografen nicht entdecken. Er war es gewesen, der mich mit seinem Wagen zu dem Fest mitgenommen hatte. Er hatte mich gesehen, als ich in der Ha-Palmach-Straße auf die Vierundzwanzig wartete, hatte die Hand gehoben und mit dem Daumen in Richtung Park gezeigt. Ich hatte meinerseits ebenfalls mit dem gehobenen Daumen in Richtung Park gezeigt und war in seinen Jeep gestiegen, ängstlich darauf bedacht, nicht auf die Kameras zu treten, die sich auf dem Boden stapelten.

»Ich habe eine Glückssträhne«, hatte er behauptet. Der Cheffotograf der Jerusalemer Stadtzeitung machte Urlaub, und die Redaktion hatte nun ihn damit beauftragt, schöne, interessante Schnappschüsse zu machen. Sie würden ihm eine ganze Doppelseite geben. Am Sacher-Park hatte er sich eilig verabschiedet. Voller Energie war er verschwunden.

Das junge Mädchen probierte es mit einer anderen Kette um den dünnen Hals, ohne in den Spiegel zu lächeln. Ich stieg vom Quader hinunter und nahm eine Sonnenbrille von dem vor der Brust des Händlers funkelnden Tablett, das von einem geflochtenen Zopf von Ketten um seinen Hals gehalten wurde. Ich dachte, wenn ich ihm etwas abkaufe, wird er mir ein, zwei Minuten widmen und sich meine Geschichte über eine schwarze Schlange anhören, die ich einst auf einem Feld gesehen hatte und die mühsam

ihre komplette Haut abgestreift hatte und mit der neuen Haut davongekrochen war. Ich habe die Schlange damals beneidet, erzählte ich dem Händler. Mein ganzes Leben lang habe ich Meinungen, Prinzipien und Ideen gesammelt, die mir dienlich sein sollten. Doch es stellte sich heraus, daß ich es war, der sie bediente, ohne daß es mir gelang, sie loszuwerden.
Der Händler nickte und sagte, auch er habe etwas zum Thema Schlangen beizutragen. In Sibirien war er eine Zeitlang auf Schlangenjagd gegangen. Ich sollte mir einmal ansehen, wie eine in einen Käfig eingesperrte Schlange aussieht. Eingerollt und geschrumpft. Nimmt kaum Platz ein. Frißt so gut wie nichts. Und wenn sie sich überhaupt häutet, geht es höchstens um einen neuen Flicken.
Das junge Mädchen probierte noch zwei Ketten, ohne zu lächeln, und der Händler hielt den Spiegel weiter mit seinen zwei Fingern. Ich bezahlte die Sonnenbrille und erzählte dem Händler von einem Flicken anderer Art. Ein kleines Stetl in Polen. Sederabend. Kinder laufen auf der Straße zusammen und zeigen sich ihre neuen guten Kleider, und ich hebe ein Bein, um ihnen meinen neuen Flicken am Knie zu zeigen, den Mutter mir auf die verschlissene Hose genäht hat.
Das junge Mädchen hatte eine neue Kette um-

gelegt, und der Händler wartete geduldig auf ein Lächeln. Sie wird nicht mehr lächeln, sagte ich mir und erzählte dem Händler von den Kindern, die mich auf der Straße ausgelacht hatten. Ich wollte zu ihm sagen, ich möchte nicht gern einer eingesperrten Schlange ähneln, und ich brauche auch keinen neuen Flicken, als plötzlich Yaron, der Fotograf, neben mir stand. Die Kameras um den Hals, glänzend vor Schweiß und Wut, rief er mir zu, wir würden fahren. Es brachte nichts, weiter zwischen den Feiernden herumzulaufen. Hier gab es nichts, was es wert sei, fotografiert zu werden. Die Reden der Politiker hingen einem zum Hals raus, immer dasselbe abgeschmackte Zeug. Mit seinem großen Zorn vermieste er mir das Fest, den Park, die Stadt, die Regierung, den Staat, das Volk und seine Geschichte. Wie häßlich doch alles war!
»Sieh dir ihre Klamotten an«, sagte er mit Blick auf das Mädchen, das die Ketten anprobierte. »Alles, was auf die Schlange gefädelt ist, kann ihre Häßlichkeit nicht verbergen.«
Ich hatte ihre Kleider nicht bemerkt. Ich war mit der schwarzen Schlange beschäftigt gewesen, mit dem Flicken und mit dem Zählen der Ketten, die das junge Mädchen probiert hatte. Zehn Ketten ohne ein Lächeln.
»Ihre Kleider«, sagte ich zu Yaron, »sind wirklich nicht der letzte Schrei.«

Yaron ließ nicht locker. Ich solle mir auch ihr Gesicht ansehen:
»Der große Mund. Die Zähne. Das Zahnfleisch!«
Ich versuchte, ihn freundlicher zu stimmen, und gab zu, daß auch ihr Gesicht möglicherweise nicht der letzte Schrei war.
Der kleine Spiegel fiel aus den beiden Fingern des Händlers. Als er sich bückte, um ihn aufzuheben, hörte ich das Klicken der Kamera.
»Ich hab's! Ich hab es im Kasten!« schrie Yaron.
Ich zuckte mit den Achseln. Was hatte er? Weshalb diese Aufregung?
Als der Spiegel aus der Hand des Händlers gefallen war, hatte das Mädchen den Kopf gesenkt, die Augen, und ein breites Lächeln war auf dem großen Mund erschienen, parallel zum Rund der Kette.
»Wie schön!« flüsterte der Fotograf, und bevor er sich zufrieden aufmachte, um weiter nach Schönheit zu suchen, gab er mir noch alles zurück, was er mir genommen hatte: das Fest, den Park, die Stadt, die Regierung, den Staat, das Volk samt seiner Geschichte. Das Mädchen nestelte ein paar Schekel für die Kette aus dem Geldbeutel, und ich flüsterte mir selbst grinsend zu, daß ich einen neuen Flicken besaß.

Wie eine Geschichte gestrickt ist

Ich sagte mir, ich sollte mich besser ein wenig beherrschen und mich für eine Weile von der Beschäftigung mit Geschichten, mündlich oder schriftlich, fernhalten. Ich habe mich nicht daran gehalten. Immer wieder ertappe ich mich beim Schreiben oder Erzählen. Es fängt gewöhnlich mit einer Kleinigkeit an, wie mit der Hand eines entfernten Verwandten aus Odessa in der Ukraine. Er hinterließ mir die Nachricht auf dem Anrufbeantworter, daß er nach Israel eingewandert war. Er hatte sich in Ashkelon niedergelassen und würde mich mit seiner neuen Frau besuchen.

Ich wohnte damals in der Zangwill-Straße in Kiryat Ha-Yovel in einem Mietshaus, und mein Heim war eine winzige Wohnung, und jeder, der zum erstenmal zu mir kam, war gewarnt worden, sich dem Gebäude langsamen Schrittes zu nähern, um nicht, ehe er es sich versah, wieder draußen zu sein.

Ich ging also nach draußen, meinem entfernten Verwandten entgegen. Vor der geschlossenen Schusterwerkstatt von Uri, dem Rumänen, sah ich sie aus dem Bus steigen. Der Mann war

hochgewachsen, breit und massig. Der oberste Knopf seines Mantels war unter seinem Kinn geschlossen. Seine Frau war klein und zerbrechlich, sie reichte ihm bis zur Hüfte, und als die beiden den Hügel herabstiegen, ruhte seine schwere, breite, offene Hand auf ihrem Kopf.
Ich würde nichts über diese Hand schreiben und nichts von ihr erzählen. Ich sah ihnen weiter zu, wie sie näher kamen, und fragte mich: Was kann man schon über eine Hand schreiben?
Aber wie ich so mit meinen Gästen am Tisch sitze und meine Frau sich um die Bewirtung kümmert, verschränkt sich in meinem Kopf die Hand meines entfernten Verwandten mit der Hand von Jakob, dem Kutscher, meinem früheren Nachbarn in Kiryat Tiv'on, der mir zu erzählen pflegte, er habe die Stiere vor dem Schlachten eigenhändig zu Boden geworfen. Weil er mich im Verdacht hatte, ihm zu mißtrauen, bat er mich, ihm für einen Moment meine Hand zu reichen. Er würde sie nur ganz leicht drücken, und von meinem Herzen würde jeder Hauch eines Zweifels genommen.
»Gib mir deine fünf Finger«, sagte er.
Wann immer wir uns trafen, wiederholte er seine Bitte. Manchmal war ich versucht, mich darauf einzulassen, aber wenn ich seine Pranke sah, erschrak ich und hielt mich zurück.

»Nein«, sagte ich.
Zehn Jahre gute Nachbarschaft, und ich blieb hart.
Ich gab mich erst geschlagen, als er im Sterben lag.
Man hatte mich aus Kiryat Tiv'on angerufen, ich solle kommen und Abschied nehmen. Als ich an seinem Bett stand und ihn betrachtete, war nichts mehr von ihm zu sehen, bis auf seine Zähne. Der Mann war geschrumpft und zusammengefallen – ein kleines Paket. Er schlug die Augen auf und wollte meine Hand schütteln, und diesmal schreckte ich nicht zurück. Warum sollte man sich vor einem Mann auf der Schwelle des Todes fürchten? Aber als der Sterbende die Hand, die ich ihm reichte, schüttelte, wurde jeder Hauch eines Zweifels von meinem Herzen genommen.
Ich hatte noch nie jemandem davon erzählt. Weder schriftlich noch mündlich. Aber nun, als sich beide Hände verbanden, die meines entfernten Verwandten, die auf dem Kopf seiner Frau ruhte, und die des sterbenden Kutschers, nahm der Druck beider Hände zu. Dennoch, sagte ich mir, würde ich mich beherrschen. Ich nickte bei den Worten meines Verwandten, der mir zwischen zwei Schlucken die Probleme des Staates und seine eigenen aufzählte, und es gelang mir, mich von den Händen abzulenken.

Aber nun sah ich in meiner Erinnerung den riesigen Kutscher, der sich in ein kleines Paket verwandelt hatte, vor mir.
Etwas Ähnliches war einmal mit einem Stier im Kibbuz Gvat passiert. Ich hütete damals die Schafe, und frühmorgens, auf dem Weg zum Stall, sah ich, wie der Stier mit seinem Körper das ganze Gatter ausfüllte. Als ich am Abend vom Feld zurückkehrte, war an der Stelle, an der man ihn geschlachtet hatte, nur seine Haut übriggeblieben – ein kleines, zusammengefaltetes Paket.
Nun füllten meinen Kopf schon zwei Pakete, der Kutscher und der Stier, dazu die Hände meines Verwandten und des Kutschers. Aber ich konnte mich bremsen. Ich würde nichts erzählen. Ich würde nicht schreiben.
Mit dieser Überzeugung brachte ich meinen Verwandten zurück zum Bus. Wir gingen durch die Zangwill-Straße und blieben bei dem Schuster, der nach der Mittagspause wieder geöffnet hatte, stehen. Uri, der Schuster, erwiderte meinen Gruß, hob ein Stück Leder, das er mit den Händen spannte, prüfte die Ware und fragte sich, ob ein gutes Paar Schuhe daraus entstehen könne. Auch dieser Anblick setzte sich in meinem Kopf fest, und als der Bus kam und meine Gäste abfuhren, konnte ich mich nicht mehr zurückhalten. Auf dem Heimweg spannte ich die

ganze Zangwill-Straße entlang die Hand meines entfernten Verwandten auf dem Kopf seiner Frau und die schüttelnde Hand des sterbenden Kutschers und beide Pakete, den Kutscher und den Stier, und fragte mich mit der Stimme von Uri, dem Schuster, ob das alles das Zeug zu einer guten Geschichte hatte.

Inches

Der Schneider und der Schriftsteller, beides Jerusalemer Bürger, tauchten in der Geschichte auf, die ich geschrieben hatte und mit der ich zur Lokalzeitung *Kol Ha-Ir* eilte. Ich würde Yael, der Redaktionsassistentin, sagen, daß ich ihren Vorschlag, jede Woche eine kurze Geschichte für die Zeitung zu liefern, annehmen würde. Als wir uns am Vortag trafen, hatte ich mich wegen der Länge der Geschichten nicht dafür begeistern können. Als ich zu ihr sagte, wie die Geschichte bemessen wird, die ich wöchentlich im Radio erzähle, nahm sie ein Lineal und legte ihren Finger fest entschlossen auf die Neun.

»Dort messen Sie in Minuten«, sagte ich.

»Und hier in Inches«, antwortete sie.

Ich wollte ihr erklären, daß geschriebene Worte etwas anderes seien als gesprochene Worte, aber um uns herum war es zu laut gewesen. Telefone klingelten, und aus dem Nebenraum war eine schrille Stimme zu hören, die ihren Vor- und Nachnamen rief:

»Yael Hinanit!«

Yael stand auf, jung und schlank, und warf mir ein geschäftiges Lächeln zu. Sie konnte gerade noch sagen, daß man hin und wieder eine Ausnahme machen und ich die Länge der Geschichte auf achtzehn Inches verdoppeln könne. Wenn ich mal Geld brauchte, betonte sie und verschwand.

Ich ging ebenfalls hinaus und setzte mir ein zeitliches Limit zum Nachdenken: eine Woche. Doch schon einen Tag später war ich auf dem Weg zu ihr. Mit einer Entscheidung und mit einer Geschichte. Dank des alten Schneiders aus Me'a She'arim und des berühmten Schriftstellers, der gerade seine Autobiographie veröffentlicht hatte.

Den Schriftsteller hatte ich in der Jaffa-Straße getroffen. Er sah sich sein neues Buch an, das im Schaufenster der Buchhandlung Steimatzky lag. Nachdem wir uns die Hände geschüttelt hatten, lud er mich in das Geschäft ein und befahl mir, sein Buch zu kaufen. Dann schrieb er mir eine Widmung hinein und las laut den Satz, der das Buch eröffnete:

»Ich hatte zwei Großmütter und zwei Großväter, sowohl mütterlicher- als auch väterlicherseits.«

Sein Buch in meiner Hand, hatte ich mich vor dem Schaufenster von ihm verabschiedet und über die Inches von Yael Hinanit, über ihre Figur und den grünen Fingernagel, der die Zahl Neun berührt hatte, nachgedacht. Als ich die Straße bei Grün überquerte, stellte ich eine eilige Rechnung auf, wie viele Großväter und Groß-

mütter ich hatte, sorgsam darauf bedacht, sie nicht durcheinanderzuwerfen.
Während all dies in meinem Kopf kreiste, hatte ich mich auf der Schwelle einer alten Schneiderei wiedergefunden. Ich führte Selbstgespräche, und der Schneider meinte, ich redete mit ihm, und fragte mich, ob er mir helfen könne. Ich verheimlichte dem alten Schneider, daß mich ein literarisches Problem quälte, daß ich versuchte, eine junge Frau namens Yael Hinanit davon zu überzeugen, daß eine mündliche und eine schriftliche Geschichte einander verachten, daß zwischen Minuten und Inches keine Liebe herrscht und auch die Großmütter und Großväter eines berühmten Schriftstellers noch ungeordnet in meinem Kopf schwirrten. Ich sagte zu ihm, ich hätte ein Problem mit dem Reißverschluß an meiner Hose. Der Nippel sei in der Mitte steckengeblieben. Und wieder las ich das Schild am Eingang zu seinem Lädchen: »Chaim Alter Slonim – Hosenflicker.«
Ich war hineingegangen und hatte mich in den langen Mantel, den er mir gab, gehüllt und mich neben ihn gestellt, um ihm zuzusehen, wie er einen neuen Reißverschluß in meine Hose nähte. Als ich ihn fragte, wo er den Beruf erlernt habe, lächelte er in seinen Prachtbart und sagte, er sei von Geburt an Schneider und habe darum den Beruf nicht erst erlernen müssen.

Ich sagte zu ihm, daß auch mein Großvater Chaim geheißen und auch über einen bemerkenswerten Bart verfügte habe und ebenfalls gebürtiger Schneider gewesen sei. Als ich zu ihm nach Australien kam und ihn darum bat, daß er mir seinen Beruf beibrachte, hatte auch er zu mir gesagt, als echter Schneider werde man geboren.

Ich hatte den Schneider bezahlt und ihm angekündigt, ich würde mit meiner Winterjacke wiederkommen. Dort ließ sich der Nippel zwar auf und ab bewegen, aber der Reißverschluß hielt nicht mehr zusammen. Der Schneider hatte die Scheine in die kleine Schublade seiner Nähmaschine gelegt und wollte wissen, wie lang meine Winterjacke sei. Ich sagte zu ihm, wenn er mich ansehe, könne er sich selbst ein Bild machen. Ich bin ein kleiner Mann, und die Jacke konnte nicht allzu lang sein. Der Schneider tat, wie ihm geheißen, maß mich mit den Augen ab und sagte: »Zu lang.« Er war zwar ein geborener Schneider, aber nur für kurze Hosenreißverschlüsse.

»Zu lang!« hatte er abschließend resümiert.

Mit einem neuen Buch und einem neuen Reißverschluß war ich in die Redaktion zurückgekehrt, um Yael von beiden zu erzählen und sie zu bitten, ihr gequältes Lächeln gegen ein freundliches einzutauschen. Kein Zögern mehr, kein komplettes Lineal mehr, nur bis zur Neun.

Ich traf Yael nicht an. Ich fuhr nach Hause und erzählte alles meiner Frau. Bis ins kleinste. Ich sagte zu ihr, nicht der Schriftsteller, der Verfasser der dicken Autobiographie, sondern der alte Schneider würde derjenige sein, der mich beim Schreiben der Geschichten lenken würde.
Meine Frau hörte mir traurig zu. Sie kam gerade von der Bank und hatte feststellen müssen, daß der Monat noch lang war und sich in die Länge ziehen würde.
Ich sagte zu ihr, sie brauche sich keine Sorgen zu machen. Ich würde zwar in die Fußstapfen des Schneiders treten, aber als erstes, ausnahmsweise, würde ich den Schneider mit dem Schriftsteller vertauschen und ein ganzes Lineal füllen. Ich schlug das Buch auf, das ich gekauft hatte, las den ersten Satz und leistete dem Schneider Abbitte.
Aber der Schneider kam im Traum zu mir. Und er kam noch einmal am nächsten Tag, um mir den Traum in Erinnerung zu rufen, als ich mich wieder auf den Weg zur Redaktion gemacht hatte, um Yael nicht ohne Überheblichkeit zu sagen:
»Wenn es der Schneider kann, kann ich es auch.«
In der Nacht, im Traum, war ich zur Redaktion gegangen, um die Geschichte abzugeben, und sah, wie Yael auf mich zukam. Sie hob eine Lat-

te von einem verlassenen Zaun auf, bohrte ein Loch hinein, steckte den Kopf durch das Loch, so daß die Latte auf ihren Schultern ruhte, und kam auf mich zu. Als sie vor mir stehenblieb, fiel ich beinahe in Ohnmacht. Keine Figur. Kein geschäftiges Lächeln. Mit einer kleinen schrillen Stimme rief ich ihr zu:

»Was ist los, Yael? Dein Gesicht ist so aufgebläht, aufgebläht ...«

Yael schüttelte den Kopf, zusammen mit der Latte auf ihrer Schulter, und wiederholte zweimal:

»Wie deine Geschichte.«

Drei Uhr früh

Um drei Uhr früh ging ich über den Platz vor dem Jerusalem-Theater und glättete eine zerknüllte Geschichte.
Die Geschichte meines Rabbiners aus Biała. Als er hörte, daß ich über einem Buch brütete, tauchte er auf und wollte darin vorkommen. Er würde nicht viel Platz einnehmen. Eine Seite, höchstens anderthalb. Er rief mir seinen Spitznamen im Stetl in Erinnerung: »Müder Prediger«, und stellte sich in die Warteschlange. Er wartete dort bis zum letzten Kapitel des Buches und verpaßte den richtigen Zeitpunkt. Das Buch hatte sich in der Zwischenzeit wie ein Bus gefüllt und wollte losfahren. Ich hatte keine Wahl, der Prediger mußte auf vier Zeilen schrumpfen und wurde hineingezwängt.
Ich hatte meinem Lektor, Menachem Peri, nichts davon gesagt, als ich das Manuskript des Romans abgab. Als Menachem um drei Uhr morgens auf den Zerknüllten stieß, zögerte er nicht, rief mich unverzüglich an und fragte, ob er mich geweckt hätte. Er riet mir, aufzustehen, mich anzuziehen – vielleicht reichte ein Pyjama –, spazierenzugehen, und weil ich in der Nähe des Theaters wohnte, sollte ich einfach ein paar Runden auf dem Vorplatz drehen und mich erinnern.

Der Platz war hell erleuchtet, und wie ich so ging, vollführte mein Schatten Sprünge und stand immer wieder in einem anderen Winkel zu mir. Ich blieb vor der über dem Eingang des Theaters wechselnden Leuchtreklame stehen und las den Titel des Stückes, das gerade aufgeführt wurde: *Geld, Liebe, Schande.* Menachems Stimme am Telefon war klar und wach gewesen: »Es ist Platz genug.«

Menachem wollte auch den wahren Namen des müden Predigers wissen.

Sein Name war Ze'ev Rossosher. Er war jahrelang durch die Gegend von Lublin gezogen und hatte in den Synagogen, Dörfern und Städten gepredigt. Als ihm die Predigten ausgingen, kehrte er müde zurück nach Hause, eröffnete einen Cheder, und ich gehörte zu seinen Schülern.

Häufiger als von der Thora erzählte er Geschichten, doch er hatte das Pech, seine Geschichten an das falsche Publikum zu richten. Er hätte Zuhörer mit einer Falte in der Seele und einem Ohr im Herzen gebraucht, während wir nichts als dumme Jungen und seine Geschichten in unseren Ohren nur Spreu im Wind waren. Einmal hat er meinetwegen geweint.

Eines Morgens kam ich zum Cheder und stellte fest, daß der Cheder in der Nacht abgebrannt war. Der Rabbi saß mitten auf der Straße auf einem Stuhl, dem einzigen übriggebliebenen Möbelstück, und schwieg vor Trauer. Ich war glücklich, daß wir heute schulfrei hatten, klatschte in die Hände und machte Luftsprünge. Der Rabbi sah meine Freude – und begann zu weinen.

Ein andermal lachte er, während ich weinte. Es ging um ein Butterbrot. Unter den Schülern war ein Junge, der jeden Tag eine dick mit Butter bestrichene Scheibe Weißbrot dabeihatte. Meine Augen traten aus ihren Höhlen. Mit List erschlich ich mir ein paar Bissen von ihm, und eines Tages kaufte ich ihm das komplette Brot ab, zum Gegenwert von zwei Knöpfen, die ich von Mutters Mantel abgerissen hatte. Ich brachte in der Woche noch mehr Diebesgut mit, und als der Vater des Jungen erschien, um Ze'ev Rossosher zu fragen, warum sein Sohn hungrig aus dem Cheder kam, versprach ihm der Rabbi, daß sein Sohn künftig satt nach Hause kommen würde. Jener Vater war der einzige, der dem Rabbi pünktlich das Lehrgeld zahlte.

Am nächsten Tag wies der müde Prediger den Jungen an, sich auf eine Bank nahe der Wand zu setzen, hieß die Schüler, sich zu seinen beiden Seiten aufzustellen, plazierte mich auf einem Stuhl vor dem Jungen und hob seine Peitsche über meinen Kopf. Er befahl mir, genau in den Mund des Jungen zu sehen und mich nicht zu rühren. Bei der kleinsten Bewegung würde die

Peitsche auf mir landen. Dem Jungen befahl er zu essen und fügte hinzu:
»Langsam! Langsam!«
Ohne mich zu bewegen, schluckte ich meine Spucke hinunter und fühlte die Peitsche beinahe nicht. Doch über mein Gesicht rann Blut. Die Peitsche hatte meine linke Ohrmuschel eingerissen. Bis zum heutigen Tag fasse ich mir ans Ohr, wann immer jemand in meinem Beisein ein Butterbrot ißt, und gehe nicht in Restaurants.
Die Leuchtreklame, die über dem Eingang zum Theater wechselte, kündigte nun ein anderes Stück an. Mein Schatten veränderte den Winkel. Während ich an meiner eingekerbten Ohrmuschel ziehe, hallen das Lachen des Rabbis und die warme Stimme Menachems am Telefon in meinem Kopf wider:
»Anderthalb Seiten!«
Einmal hat der Rabbi mich sogar gelobt. Ich hatte ihm eine Geldbörse überreicht, die ich auf der Straße gefunden hatte, damit er sie dem Besitzer zurückgab. Er sagte zu mir, ich sei ein braver Junge, aber als er herausfand, daß ich nicht in die Börse geschaut hatte, um herauszufinden, was darin war, fügte er hinzu:
»Aber ziemlich blöd.«
Er tröstete mich, daß ich als Dummkopf bei ihm in guter Gesellschaft sei. Auch der Engel, der bei dem Opfer Abrahams dabei war, war in sei-

nen Augen ein Tölpel gewesen. Einmal befahl er uns, dreimal zu schreien:
»Der Engel war ein Hornochse!«
Wir schrien es mehr als dreimal, und er brachte uns mit dem Schwingen seiner Peitsche zum Schweigen und fuhr fort, sich über den Engel zu ärgern.
Nicht, weil er nicht neugierig gewesen war. Der Engel mochte durchaus neugierig gewesen sein, und vielleicht war er auch heilig, aber er konnte nicht erzählen. Und wenn er nicht erzählen konnte, warum rannte er dann zu Sarah, um ihr als erster Bericht zu erstatten, bevor Abraham und Isaak zurückkehrten?
»Der Engel hat sie umgebracht«, brüllte der müde Prediger.
Er erzählte Sarah, daß Abraham mit Isaak Berge erklommen hatte und in Täler hinabgestiegen war, einen Altar gebaut und Holz daraufgelegt hatte und daß Abraham Isaak an die Zweige gebunden und ein Messer in die Hand genommen hatte, um Isaak zu schlachten. »Euer Sohn Isaak ...«, hatte der Engel atemlos ausgestoßen, »... geschlachtet – euer Sohn Isaak wurde um ein Haar geschlachtet.«
Der Rabbi ließ uns in einem Halbkreis Platz nehmen, drehte die Peitsche in seiner Hand und befahl uns, die Worte des Engels zu wiederholen, wie sie Sarah überbracht wurden.

»Geschlachtet – euer Sohn Isaak wurde um ein Haar geschlachtet.«
Noch bevor es dem Engel gelungen war, seine Geschichte zu Ende zu erzählen, war Sarah in Ohnmacht gefallen und gestorben.
Ze'ev Rossosher wollte, daß jeder von uns sich ein für allemal hinter die Ohren schrieb, daß eine Ansammlung von Fakten noch lange keine Geschichte ergibt. Er änderte die Richtung des Peitschenschwungs und befahl uns, die Reihenfolge zu ändern und dreimal vor Sarah zu verkünden:
»Euer Sohn Isaak wäre um ein Haar geschlachtet worden.«
Als ich den Vorplatz des Theaters verließ, zeigte die wechselnde Leuchtreklame wieder *Geld, Liebe, Schande* an. Mein Schatten blieb sich gleich und änderte nicht mehr den Winkel. Mein Rabbiner, Ze'ev Rossosher, reckte sich in meinem Buch über anderthalb Seiten, und ich meinte in mir einen Augenblick lang eine Falte in der Seele und ein Ohr im Herzen zu entdecken. Es blieb nur eine Frage, die mich bis nach Hause beschäftigte: Woher wußte mein Freund Menachem Peri um drei Uhr früh, daß die Geschichte zerknüllt worden war?
Ich werde nach Hause gehen, ihn anrufen und fragen.

Ein chinesisches Lächeln

Ich suchte in den Straßen von Jerusalem nach einem Lächeln und führte dabei Selbstgespräche. In der Jaffa-Straße folgte ich einer Frau, die Mesusen an den Ladentüren küßte. Am Machane Yehuda-Markt erstand ich bei einer Händlerin das Skelett eines Regenschirms. In Nachla'ot sagte ein Rentner, der zwei Gebetsschals mit Schaufäden trug, zu mir, er erwarte den Messias. Ich setzte mich neben ihn und schwieg. In meinem Kopf machte ich Platz für einen chinesischen Straßenkehrer.

Man hatte mich zum Geschichtenerzählen und Reisessen nach China eingeladen. Ich rannte, den Kopf voller Geschichten, mit einem Löffel in der Tasche herum. An einem trüben Morgen sah ich ihn, den Straßenkehrer. Er stand am Eingang einer Lehmhütte und hielt seine Arbeitsgeräte in der Hand, eine Schaufel und einen Besen. Beide Geräte hatten lange Stiele. Er lehnte sie gegen die Mauer und lud mich in die Hütte ein. Er setzte mir eine Schale Reis vor. Er beobachtete mich, wie ich den Löffel aus der Tasche zog, stand reglos dabei und sah zu. Am Ende konnte er sich nicht zurückhalten, streckte die Hand aus und berührte mich. In der fensterlosen Hütte sah auch er aus, als sei er aus Lehm.

Die Frau, die in der Jaffa-Straße die Türpfosten berührte, hatte keine Zeit, mit mir zu sprechen. Sie ließ keinen Laden aus. Vom Busbahnhof bis zum Rathaus. Hätte sie ein wenig Zeit gehabt, hätte ich ihr von dieser Berührung in China erzählt, in einem entlegenen Stadtteil der Seidenstadt mit Namen Soozhoo.
Die Händlerin in der Ha-Eshkol-Straße am Machane Yehuda-Markt war offener. Sie schlug mir vor, ein weiteres Regenschirmskelett zum gleichen Preis zu erwerben, anderthalb Schekel.
Das Regenschirmskelett brachte mich zu dem Besen des Straßenkehrers zurück. Ich brauchte anderthalb Stunden, um auf einem gemütlichen Fußmarsch von meinem Hotel in seine Hütte zu gelangen. Als ich den Reis gegessen und den Löffel wieder in meine Hosentasche gesteckt hatte, nahm der Mann seine Geräte und ging zur Arbeit. Ich folgte ihm auf einem Sandweg. Wir gingen über eine holprige Straße, die hier und da mit Stroh bedeckt war, und hielten an einer sehr engen Brücke. Das Wasser bewegte sich nicht und war graugelblich wie der Himmel über uns. Der Straßenkehrer blieb neben einem Häufchen Erde stehen und begann, es schweigend auf die Schaufel zu schieben. Der Besen hatte nur drei Borstenbüschel, die weit auseinanderstanden, eins auf jeder Seite und das dritte in der Mitte. Diesmal war ich es, der die Hand

ausstreckte und ihn berührte. Er war auf seine Arbeit konzentriert. Eine Krume und noch eine Krume und noch eine Krume.

»Einen Tag und noch einen Tag und noch einen«, sagte der Rentner in Nachla'ot zu mir, als ich ihn fragte, wie lange er auf den Messias warten würde. Ich sah, wie er seine Schaufäden nahm und sie küßte. Ich stand von der alten Bank auf und setzte meine Suche nach einem Lächeln in den Straßen Jerusalems fort.

Nachdem es dem Straßenkehrer auf der engen Brücke in Soozhoo gelungen war, das Häufchen Erde auf die Schaufel zu schieben, hob er sein Gesicht und lächelte, und auch in seinem Mund standen nur drei einzelne Stümpfe. Er sah noch immer aus wie aus Lehm, doch sein Lächeln war voller Weisheit. Jetzt senkte ich den Blick zu dem Häufchen Erde auf der Schaufel, um ein paar Krumen Weisheit aufzuklauben, die ich unter meinen drei Freunden in den Straßen von Jerusalem verteilen konnte, der Mesusenfrau in der Jaffa-Straße, der Skelettfrau auf dem Machane Yehuda-Markt und dem Wartenden auf der schäbigen Bank im Stadtteil Nachla'ot. In meinem Herzen erzählte ich ihnen: Als ich den Blick auf die Schaufel senkte, sah ich, daß auch der Besen mit den drei Borsten lächelte.

Eine knappe Antwort

Die Frau im Bus und der Feldhase lieferten mir die knappe Antwort für das Fernsehen. Man hatte mich im letzten Augenblick zu einem Gespräch in einer Live-Sendung anläßlich des Jerusalem-Tags ins Studio eingeladen. Die Moderatorin empfing mich mit verstimmter Höflichkeit. Sie war sauer auf den Dichter L. I., mit dem sie ursprünglich das Gespräch führen wollte und der sie enttäuscht hatte. Er war plötzlich erkrankt und nicht erschienen. Ein wenig von ihrer Wut auf ihn übertrug sie auf mich, seinen Ersatz, und mit einer geringschätzigen Geste schickte sie mich in die Maske.

Ihre Schminke betonte noch ihre Schönheit. Jung, großgewachsen. Locken über Locken im Haar, große Augen. Sie sagte meinen Namen, vertauschte die Buchstaben und bat mich, keine Zeit zu verschwenden. Während des Schminkens sollte ich ein paar Worte vorbereiten. Einen knappen einleitenden Satz. Auf ein verabredetes Zeichen hin würde sie mir eine kurze Frage zum Aufwärmen stellen:

»Welche Bedeutung hat Jerusalem für Sie?«

Als das Zeichen kam, sprang die Moderatorin plötzlich von König David, dem Gründer des

Staates vor 3000 Jahren, zu mir, diesmal ohne meinen Namen falsch auszusprechen. Sie stellte ihre Frage, und die Kamera richtete sich auf mich.
König David hatte ich zum erstenmal durch das Loch eines schwarz umhüllten Schaukastens gesehen. Er saß auf dem Thron, und der Psalter, den er verfaßt hat, ruhte auf seinen Knien. Er sah nachdenklich aus, und das Buch war aufgeschlagen bei dem Psalm: »Woher kommt mir Hilfe?« (121,1)
Die junge Frau im Bus, zwei Tage zuvor, hatte Anzeichen einer ähnlichen Not aufgewiesen. Sie saß hinter mir und schilderte der Frau, die neben ihr saß, ausgiebig die peinlichen Situationen, die sie im vergangenen Jahr erlebt hatte. Ihre Stimme war angenehm, aber man konnte heraushören, daß sie, genau wie König David, Hilfe brauchte.
Wie den beiden war es vor mehr als dreißig Jahren auch dem weißen Hasen ergangen, als ich ihn in einem kleinen Möhrenbeet im Yisrael-Tal hinter einem Busch entdeckte. Er hatte die Löffel aufgerichtet und sich, um nicht gesehen zu werden, an den Busch gedrückt. Der Fluchtweg war ihm abgeschnitten. Meine Schafherde war über die ganze Gegend verstreut. Die Schafe scharten sich um die Büsche. Die Sommersonne ging gerade unter. Es war still um uns, ein

Schaf wechselte den Busch, der Esel wedelte mit dem Schwanz, und je tiefer die Sonne am Himmel sank, desto länger wurde der Schatten der Löffel.

Auch die Geschichte der jungen Frau im Bus zog sich in die Länge. Sie redete ununterbrochen, fünf Haltestellen im Zentrum von Jerusalem lang. Als der Bus in eine schattige Gegend kam, konnte ich im Fenster das Spiegelbild der Zuhörerin sehen. Sie neigte der Gesprächspartnerin das Ohr zu. Auch meine Ohren zogen sich in die Länge, wie der Schatten der Löffel in der untergehenden Sonne.

Die Moderatorin wartete auf die knappe Antwort. Mit einer stummen Geste fragte sie mich, warum ich schwieg, während sie eine Locke von der Stirn hinter das Ohr strich.

Der Schaukastenbesitzer im Stetl Biała Podlaska trug einen roten Hut mit aufgerichteter Feder, und sein Kasten stand auf einem einfüßigen Ständer. Wenn die Zeit einer Münze vorüber war, verschwand der König. Auch die Sonne im Tal war gänzlich untergegangen, und die Dunkelheit hatte den Schatten der Hasenlöffel verschluckt. An der fünften Haltestelle, an der Kreuzung Jaffa/Strauss/King-George, hörte die junge Frau zu sprechen auf. Doch dann, nach kurzem Schweigen, vernahm ich die zögernde Stimme ihrer Zuhörerin. Hätte ich nicht das

Gefühl gehabt, meine Ohren seien lange Schatten in der Dunkelheit, hätte ich kein Wort verstanden. Sie rief leise ihren Namen und flüsterte ihr ihre Frage zu:

»Arnona? Hat dir all das, was du mir erzählt hast, nicht ein für allemal den Kopf zurechtgerückt?«

Ich wiederholte die knappe Frage der Moderatorin: Welche Bedeutung Jerusalem für mich habe? Und ich sah sie an, Locken und Augen. Wie erleichtert sie wirkte, als sie meine knappe Antwort hörte:

»Jerusalem? Diese Stadt rückt mir Tag für Tag den Kopf zurecht.«

Glossar

Chassid (Plur. *Chassidim*) Anhänger des Chassidismus, einer religiös-mystischen Bewegung im osteuropäischen Judentum, die im 18. Jahrhundert von Baal Schem Tov gegründet wurde. Strenggläubig.

Cheder (hebr. »Stube«) Traditionelle Bibelschule der osteuropäischen Juden für Jungen im Vorschulalter. Lehrstoff sind das hebräische Gebetbuch, die *Thora* und der *Talmud.*

Cohen (hebr. »Priester«) Angehöriger der aus dem Stamm Levi hervorgegangenen Priesterkaste, der den Dienst am Allerheiligsten versehen mußte. Für die Priester gelten besondere Gesetze und Vorschriften. Ihr Status wird vom Vater auf den Sohn weitervererbt und kann nicht erworben werden.

»Du frumer schmok!« (jidd.) »Du frommer Schwanz!«

Gebetsschal oder *Gebetsmantel (Tallit)* Ein viereckiges Gewand, das traditionsgemäß von den männlichen Gläubigen während des Morgengebets getragen wird. Es ist an den Ecken mit Schaufäden (*Zizit,* Plur. *Zizijot*) versehen, die die Gebote der Thora repräsentieren und ihm seine religiöse Bedeutung geben. Kleidungsstücke, die nicht vier oder mehr Ecken haben, brauchen keine Schaufäden. Dieses Gebot gilt nur für den Tag. Deshalb trägt man beim Abendgottesdienst keinen *Tallit.*

Hetiter Volk, das im 2. Jahrtausend v. Chr. vom östlichen Kleinasien aus ein bedeutendes Reich schuf. Nach dem Ansturm der Seevölker um 1200 v. Chr. hielten sich einzelne Kleinfürstentümer in Syrien noch fast 500 Jahre. Esau heiratet zwei Hetiterinnen und bereitet Isaak und Rebekka damit »lauter Herzeleid« (1. Mose 26, 35).

Jarmulke siehe *Kipa*

Jebusiter Kanaanitischer Volksstamm auf dem Gebirge Juda oder nur in Jerusalem, das vor der Eroberung durch David (2. Samuel 5, 6–10) Jebus hieß. Salomo machte sie offenbar zu Fronleuten.

Jeschiva Talmudschule für junge Männer ab 13 Jahren.

Jiddisch Aus dem Mittelhochdeutschen entstandene Mischsprache der aschkenasischen Juden *(Aschkenasim),* die seit dem 14. Jahrhundert aus Nordfrankreich und Deutschland nach Osteuropa einwanderten. Neben hebräischen Sprachelementen nahm sie auch slawische auf und wurde zur Umgangssprache der osteuropäischen Juden. Ab dem 19. Jahrhundert in Presse, Literatur und Wissenschaft allgemein gebräuchliches Kommunikationsmittel.

Kaftan Mantelartiges, langes und vorne geknöpftes Übergewand der orthodoxen Juden.

Kibbuznik Eines der 400 bis 1500 Mitglieder eines *Kibbuz*, der Gemeinschaftssiedlungen in Israel, in denen kollektive Wirtschafts- und Lebensweise vorherrschen. Ursprünglich reine Landwirtschaftsbetriebe, später unterhielten viele *Kibbuzim* auch Industriebetriebe oder Erholungsheime für Touristen.

Kipa oder *Jarmulke* Gebetskäppchen, das der jüdische Gläubige trägt. Die Orthodoxie verlangt, daß der Kopf eines Mannes ständig bedeckt ist. In reformierten Gemeinden bleibt es dem einzelnen überlassen.

Mesusa Eine am rechten Türpfosten jüdischer Häuser befestigte Hülse aus Metall, Holz oder Glas, die eine Pergamentrolle mit Auszügen aus dem fünften Buch Mose enthält.

Mimunafest Traditionelles Volksfest der nordafrikanischen, besonders der marokkanischen Juden am letzten Abend des jüdischen *Pessach*-Festes.

Perisiter Eines der Völker, deren Land, »darin Milch und Honig fließt« (2. Mose 3, 8), Gott den Kindern Israel einzunehmen heißt, als sie unter Moses aus Ägypten ziehen.

Purim Jüdisches Freudenfest zur Erinnerung an die im Buch Esther beschriebene Errettung der persischen Juden vor dem Anschlag Hamans. Haman, der Wesir des Königs Ahasveros, wollte alle Juden im Perserreich töten lassen, Königin Esther, Pflegetochter des Juden Mordechai, verhinderte dies jedoch. *Purim* wird am 14. Adar (Februar/März) begangen und mit Geschenken und Umzügen gefeiert, bei denen man verkleidet durch die Straßen zieht. Bei den *Aschkenasim* werden seit dem 16. Jahrhundert Purimspiele aufgeführt, in denen man biblische Geschehnisse darstellt.

Rabbi (hebr. »Mein Lehrer«, »Meister«) Anrede und Amtsbezeichnung für Lehrer und Gelehrte.

Schabbat (hebr. »Ruhe«) Der 7. Tag der Woche (Samstag), Ruhetag. Er erinnert an Gottes Schöpfung und beginnt wie alle jüdischen Feste bereits am Vorabend, wenn in den Wohnungen die Schabbatlichter angezündet werden. Jede Arbeit ist an diesem

Tag untersagt. Die Vorschriften sind im Chassidismus besonders streng.

Schläfenlocken Nach biblischer Vorschrift darf das Kopfhaar nicht rundherum abgeschnitten werden. Orthodoxe Juden lassen das Haar daher an den Schläfen wachsen.

Schomer (hebr. »Wächter«) Jüdische Verteidigungsorganisation, die 1909 in Palästina gegründet wurde und bis 1920 jüdische Siedlungen gegen arabische Freischärler verteidigte.

Schoschanat Ja'akov (hebr. »Die Rose Jakobs«) Hebräisches Lied zum Purimfest.

Seder (hebr. »Ordnung«) Häusliche Liturgie am ersten (und zweiten) Abend des jüdischen *Pessach*-Festes.

Stetl (auch *Schtetl*, Plur. *Schtetlech*) Eigener Stadtteil in einer Großstadt oder eigene Kleinstadt mit jüdischer Bevölkerung in Osteuropa mit einem eigenständigen, geschlossenen Sozialsystem.

Streimel Pelzhüte orthodoxer Juden.

Synagoge Kultisches Zentrum der jüdischen Gemeinde.

Tabor Kegelförmiger Berg in Nord-Israel, östlich von Nazareth, 588 m hoch. Auf dem plateauartigen Gipfel stehen die griechisch-orthodoxe Eliaskirche und ein Franziskanerkloster. Wird seit dem 4. Jahrhundert als Berg der Verklärung Christi angesehen (Markus 9, 2).

Talmud (hebr. »Belehrung«, »Lehre«, »Studium«) 5900 Folioseiten umfassendes nachbiblisches Gesetzes- und Religionswerk des Judentums. Eine Art Protokoll der jahrhundertelangen historischen und fiktiven mündlichen Diskussion in den jüdischen Lehrhäusern. Der Talmud dient als Fundament jüdischer Erziehung und Bildung und besteht aus der *Mischna* und der *Gemara*. Entsprechend den beiden Zentren jüdischer Gelehrsamkeit unterscheidet man den Jerusalemer und den stärker verbreiteten babylonischen Talmud.

Tamuz Monat im jüdischen Kalender. Entspricht dem Juli.

Thora (hebr. »Lehre«, »Gesetz«) Bezeichnung für den *Pentateuch*, die fünf Bücher Mose. Kernstück des jüdischen Glaubens. Zur Lesung auf eine (Pergament-)Rolle geschrieben, wird sie in der *Synagoge* im kostbaren Thoraschrein aufbewahrt.

Jossel Birstein, geboren 1920 in Biała Podlaska, verließ Polen im Alter von sechzehn Jahren mit einem Emigrantenschiff, das nach vielen Wirren schließlich in Australien anlegte. 1950 wanderte Birstein in Israel ein, war zunächst Schafhirt im Kibbuz Gvat, später Bankangestellter in Kiryat Tiv'on. Lebt heute als Schriftsteller in Jerusalem und schrieb noch bis Anfang der neunziger Jahre in Jiddisch. Er hat bislang sechs Romane und einen Erzählband veröffentlicht. Bei Arche erschien 1993 sein Roman *Gesicht in den Wolken.*